吉林大学本科教学改革研究项目（2019XYB002）成果

# 高级汉语精读教程

"新动力汉语"留学生本科系列教材

主编◎李禄兴

李春红 岳 辉◎编著

华中科技大学出版社
http://www.hustp.com
中国·武汉

图书在版编目(CIP)数据

高级汉语精读教程/李春红,岳辉编著.—武汉:华中科技大学出版社,2020.9(2024.8重印)
ISBN 978-7-5680-6508-5

Ⅰ.①高… Ⅱ.①李… ②岳… Ⅲ.①汉语—对外汉语教学—教材 Ⅳ.① H195.4

中国版本图书馆 CIP 数据核字(2020)第 178515 号

**高级汉语精读教程** 　　　　　　　　　　　　　　　　　李春红　岳　辉　编著
Gaoji Hanyu Jingdu Jiaocheng

策划编辑:宋　焱
责任编辑:宋　焱
封面设计:廖亚萍
版式设计:赵慧萍
责任校对:张会军
责任监印:周治超

出版发行:华中科技大学出版社(中国•武汉)　　　电话:(027)81321913
　　　　　武汉市东湖新技术开发区华工科技园　　　邮编:430223
录　　排:华中科技大学出版社美编室
印　　刷:武汉邮科印务有限公司
开　　本:787mm×1092mm　1/16
印　　张:13.75　插页:1
字　　数:239 千字
版　　次:2024 年 8 月第 1 版第 2 次印刷
定　　价:58.00 元

本书若有印装质量问题,请向出版社营销中心调换
全国免费服务热线:400-6679-118　竭诚为您服务
版权所有　侵权必究

# 编写说明

《高级汉语精读教程》主要面向留学生汉语国际教育、汉语言等本科专业HSK5级及以上水平汉语学习者,也可供高级阶段汉语言进修生自学参考使用。本教程融合了互动语言学理论、认知语言学理论、语篇理论、跨文化交际理论及多模态教学法,依据大纲要求选取词汇及语法内容,充分尊重学习者的习得规律,突出选文的文化共通性、语法内容的系统性与练习的互动交际性,从而全面提升高级阶段汉语学习者语言技能及跨文化交际的综合水平,并为其继续深造打下扎实基础。

本教程编写原则及特点如下:

(1)语法专业性与交际性并重。

本教程重点突出留学生高级阶段汉语学习的专业性及实用性特征,词汇以HSK6级水平为主,语法突出其专业系统性及多模态,综合训练强调语言的实用性及交际性。

(2)选文新颖性与规范性并重。

选文充分考虑到高级汉语学习者特点,既强调新颖性与时代性,又突出了规范性与文化互动性。选文话题广泛,题材丰富,语体风格多样,语言力求规范严谨,努力做到"科学性、规范性、多元性、实用性"的统一。

(3)体例传承性与创新性并重。

体例参考目前高级阶段综合课的经典设计,每课主要由六大版块组成:热身、课文、注释、生词语、语言点、综合练习,其中生词语及语言点突出等级性。附录设有词语总表及语言点索引,每课生词语后均标有课程序号(用阿拉伯数字标示),以便学习者检索查找。

热身与注释:热身主要进行题解与课文导入,也涉及背景知识的介绍和词汇的准备预习等;注释主要就课文中的专有名词、历史典故、方言俗语及中国的文化风俗等进行简要说明及拓展。

生词语与语言点:生词语的等级以《汉语国际教育用音节汉字词汇等级划分》(2010)为准,生词语主要为三级(高级)词语及附录词汇(标注为 F),部分为二级词语与超纲词。生词语所标词性与义项以本词在本课中的词性与意思为主。编排顺序按照"生词语—拼音—词性—解释—等级"排列,充分尊重了汉语习得者的认知习惯。语言点的选择主要参考了《国际汉语教学通用课程大纲》及《对外汉语教学中高级阶段功能大纲》,包括原句展示、语法说明与例句扩展,例句基本来自真实语料,同时增加了部分词汇辨析。偏误句式用 * 号做了相应标注。

综合练习:练习设计以互动与交际为原则,融合 HSK 6 级考试题型,同时兼顾了复现型、理解型与运用型操练。语言点例句在句式操练中有意复现,以强化重点词汇及结构的运用。练习形式丰富,启发性与互动性并重,以期培养高年级留学生自主学习汉语的综合能力。教师可据学生汉语水平与教学实际灵活选用。部分客观题附有参考答案。

编　者<br>2019 年 12 月 25 日

# 目 录

## 第一课 交友之道

热身/1

课文/1

注释/4

生词语/4

语言点/7

综合练习/10

## 第二课 新拼妈时代

热身/15

课文/16

注释/20

生词语/20

语言点/23

综合练习/26

趣味汉语/30

## 第三课 面对苦难

热身 /31

课文 /31

注释 /34

生词语 /34

语言点 /36

综合练习 /39

## 第四课 水井的故事

热身 /42

课文 /42

注释 /46

生词语 /46

语言点 /49

综合练习 /51

## 第五课 蓝色萝卜

热身/55

课文/55

注释/60

生词语/60

语言点/63

综合练习/67

## 第六课 走在哈尔滨中央大街上

热身/71

课文/71

注释/76

生词语/76

语言点/80

综合练习/82

补充课文/86

## 第七课 低碳低碳

热身/88

课文/88

注释/91

生词语/91

语言点/94

综合练习/96

## 第八课 金色南疆

热身/101

课文/101

注释/106

生词语/106

语言点/109

综合练习/112

## 第九课 苏醒中的母亲

热身/115

课文/115

注释/121

生词语/121

语言点/123

综合练习/125

趣味汉语/129

## 第十课 网络对青少年的心理诱惑

热身/130

课文/130

注释/135

生词语/135

语言点/137

综合练习/140

## 第十一课 冷浪漫

热身/143

课文/143

注释/148

生词语/148

语言点/151

综合练习/155

## 第十二课 京剧下午茶

热身/158

课文/158

注释/164

生词语/164

语言点/167

综合练习/170

补充课文/174

## 附录

附录A 词语总表/176
附录B 语言点索引/204

## 参考答案

《高级汉语精读教程》
综合练习部分参考答案/208

# 第一课　交友之道

###  热身

1. 你知道孔子出生在中国什么地方吗？
   a. 山东曲阜
   b. 山东泰安
   c. 山东济南
2. 你读过孔子的《论语》吗？自测一下，下列哪句不是出自《论语》。
   a. 有朋自远方来，不亦乐乎？
   b. 学而时习之，不亦说乎？
   c. 大学之道，在明明德，在亲民，在止于至善。

###  课文

孔子非常看重一个人成长过程中朋友的作用。他教育自己的学生要交好的朋友，不要交不好的朋友。他说，这个世界上对自己有帮助的有三种好朋友，就是所谓"益者三友"，是友直、友谅、友多闻。

第一，友直。直，指的是正直。这种朋友为人坦诚，刚正不阿，没有一丝谄媚之色。他的人格可以影响你的人格。他可以在你胆怯的时候给你

勇气，也可以在你犹豫不决的时候给你果敢，所以这是一种好朋友。

第二，友谅。《说文解字》说："谅，信也。"信，就是诚实。这种朋友为人诚恳。与这样的朋友交往，我们内心是安稳的，我们的精神能得到一种净化和升华。

第三，友多闻。这种朋友见闻广博，用今天的话说就是知识面宽。在孔子生活的先秦时代，不像我们今天有电脑，有网络，有这么发达的信息，有各种形式的媒体。那个时候的人要想广视听怎么办呢？最简单的一个办法就是认识一个见闻广博的好朋友，让他所读的书，让那些间接经验转化成你的直接经验。

当你在一些问题上感到犹豫不决时，不妨到朋友那里，也许他广博的见闻可以帮助你做出选择。结交一个多闻的朋友，就像拥有了一本厚厚的百科辞典，我们总能从他的经验里面，得到对自己有益的借鉴。

《论语》中的益者三友，就是正直的朋友，诚实的朋友，广见博识的朋友。

孔夫子说，还有三种坏朋友，叫作友便辟，友善柔，友便佞，有这三者"损矣"。这损者三友，是三种什么人呢？

首先是友便辟，这种朋友指的是专门喜欢溜须拍马的人。我们在生活中经常会碰到这样的人，你的什么话，他都会说"太精彩了"；你做的任何事情，他都会说"太棒了"。他不会对你说个"不"字，反而会顺着你的思路，称赞你，夸奖你。

"友便辟"和"友直"正好相反，这种人一点也没有正直诚实之心，没有是非原则。他们的原则就是让你高兴，以便从中得利。

孔夫子说，和这种人交朋友，太有害啦！为什么呢？和这种人交朋友，你会感到特别舒服、愉快。但是，好话听多了，头脑就该发昏了，自我就会恶性膨胀，盲目自大，失去了基本的自省能力，那离灾难也就不远了。这种朋友，就是心灵的慢性毒药。

第二种叫友善柔。这种人是典型的"两面派"。他们当着你的面，永远恭维你，但是，在背后呢？会传播谣言，恶意诽谤。

我们经常会听到这样的控诉：我的这个朋友长得那么和蔼，言语那么温和，行为那么体贴，我把他当作最亲密的朋友，真心地帮助他，还和他诉说自己内心的秘密。可是，他却背着我，利用我对他的信任，谋求自己的私利，还散布我的谣言，败坏我的人格。当我当面质问他的时候，他又会坚决否认，装出一副受委屈的样子。

这种人为人虚伪，与"谅"所指的诚恳正好相反。他们是真正的小人，是那种心理阴暗的人。但是，这种人常常会打扮出一副善良面孔。由于他内心有所企图，所以他对人的热情，比那些没有企图的人可能要高好几倍。所以，你要是一不小心被这种人利用的话，你就给自己套上了枷锁。如果你不付出惨痛的代价，这个朋友是不会放过你的，这是在考验我们自己的眼光和能力。

第三种叫友便佞。便佞，指的是夸夸其谈的人，也就是老百姓说的"只会耍嘴皮子"的人。这种人天生伶牙俐齿，没有他不知道的事，没有他不懂得的道理，说起话来滔滔不绝，气势逼人，不由得人不相信。可实际上呢，除了一张好嘴，别的什么也没有。这种人没有真才实学，巧舌如簧却腹内空空，和上面讲的"多闻"有鲜明的区别。

孔夫子非常反感花言巧语的人。他最看重的，不是一个人说了什么，而是一个人做了什么。

当然，在现代社会，人们的价值观有了一定的变化，有真才实学的人，如果不善于表达自己，也会给自己的职业和人生带来一些障碍。但是，如果只会言语，没有真功夫，那种危害比前者要可怕得多。

《论语》中的损者三友，就是谄媚拍马的朋友，两面派的朋友，还有那些夸夸其谈的朋友。这样的朋友可千万不要交，否则我们将付出惨重的代价。

（选自于丹《于丹〈论语〉心得》，中华书局2006年11月版，有改动。）

## 注释

1. 《说文解字》：简称《说文》，是中国第一部按部首编排的字典。作者许慎，东汉经学家、文字学家。

2. 友便（pián）辟，友善柔，友便（pián）佞：出自《论语·季氏》。子曰："益者三友，损者三友：友直，友谅，友多闻，益矣；友便辟，友善柔，友便佞，损矣。"（孔子说："有益的朋友有三种，有害的朋友有三种：跟正直的人交朋友，跟诚信的人交朋友，跟博学多闻的人交朋友，就有益处；跟逢迎谄媚的人交朋友，跟表面阿谀奉承而背后诽谤人的人交朋友，跟花言巧语的人交朋友，就有害处。"）

## 生词语

| | | | | | |
|---|---|---|---|---|---|
| 1. | 坦诚 | tǎnchéng | 形 | 坦率诚恳。 | 三 |
| 2. | 刚正不阿 | gāngzhèng-bù'ē | | 刚强正直。 | |
| 3. | 丝 | sī | 量 | 表示极少或者极小的量。 | 三 |
| 4. | 谄媚 | chǎnmèi | 动 | 用卑贱的态度向人讨好。 | |
| 5. | 胆怯 | dǎnqiè | 形 | 胆小；缺少勇气。 | 三 |
| 6. | 犹豫不决 | yóuyù-bùjué | | 拿不定主意。 | F |
| 7. | 果敢 | guǒgǎn | 形 | 勇敢并有决断。 | |
| 8. | 诚恳 | chéngkěn | 形 | 真诚而恳切。 | 三 |
| 9. | 安稳 | ānwěn | 形 | 平静；安定。 | F |
| 10. | 净化 | jìnghuà | 动 | 清除杂质使物体纯净。 | 三 |

| | | | | | |
|---|---|---|---|---|---|
| 11. | 升华 | shēnghuá | 动 | 固态物质不经液态直接变为气态，借指事物的提高和精炼。 | |
| 12. | 不妨 | bùfáng | 副 | 表示可以这样做，没有什么妨碍。 | 三 |
| 13. | 佞 | nìng | 形 | 惯于用虚假而动听的话来讨好人。 | |
| 14. | 反而 | fǎn'ér | 副 | 表示跟上文意思相反，或出乎预料和常情。 | 二 |
| 15. | 溜须拍马 | liūxū-pāimǎ | | 指谄媚奉承。（口） | |
| 16. | 恶性 | èxìng | 形 | 能产生严重后果的。 | 三 |
| 17. | 膨胀 | péngzhàng | 动 | 由于温度升高或其他因素，物体的长度增加或体积增大；泛指某些事物扩大或增长。 | 三 |
| 18. | 盲目 | mángmù | 形 | 眼睛看不见东西，比喻认识不清；考虑不慎重；目标不明确。 | 三 |
| 19. | 恭维 | gōngwéi | 动 | 为讨好而赞扬。 | |
| 20. | 谣言 | yáoyán | 名 | 没有事实根据的消息。 | 三 |
| 21. | 恶意 | èyì | 名 | 不良的居心；坏的用意。 | 三 |
| 22. | 诽谤 | fěibàng | 动 | 无中生有，说人坏话，毁人名誉；污蔑。 | F |
| 23. | 控诉 | kòngsù | 动 | 向有关机关或公众陈述受害经过，请求对加害者进行法律制裁或舆论谴责。 | |

| | | | | | |
|---|---|---|---|---|---|
| 24. | 和蔼 | hé'ǎi | 形 | 态度温和，容易接近。 | F |
| 25. | 体贴 | tǐtiē | 动 | 细心猜测别人的心情和处境，给予关切、照顾。 | F |
| 26. | 谋求 | móuqiú | 动 | 设法寻求。 | 三 |
| 27. | 散布 | sànbù | 动 | 广泛传播（多含贬义）。 | 三 |
| 28. | 败坏 | bàihuài | 动 | 损坏；破坏（名誉、风气等）。 | |
| 29. | 质问 | zhìwèn | 动 | 依据事实问明是非；责问。 | F |
| 30. | 虚伪 | xūwěi | 形 | 不真实；不实在；作假。 | 三 |
| 31. | 阴暗 | yīn'àn | 形 | 暗；阴沉。 | |
| 32. | 枷锁 | jiāsuǒ | 名 | 枷和锁链，比喻束缚人的观念、制度等。 | |
| 33. | 惨痛 | cǎntòng | 形 | 悲惨痛苦。 | F |
| 34. | 夸夸其谈 | kuākuā-qítán | | 说话或写文章浮夸，不切实际。 | |
| 35. | 耍嘴皮子 | shuǎ-zuǐpízi | | 卖弄口才（含贬义）；光说不做。 | |
| 36. | 伶牙俐齿 | língyá-lìchǐ | | 形容口齿伶俐，能说会道。 | |
| 37. | 滔滔不绝 | tāotāo-bùjué | | 形容连续不断（多指话多）。 | F |
| 38. | 不由得 | bùyóude | 动/副 | 不容；不禁。 | 三 |
| 39. | 巧舌如簧 | qiǎoshé-rúhuáng | | 舌头灵巧得就像乐器里的簧片一样，形容能说会道，善于狡辩。 | |
| 40. | 反感 | fǎngǎn | 形/名 | 厌恶；不满；反对或不满的情绪。 | 三 |

| | | | | |
|---|---|---|---|---|
| 41. 花言巧语 | huāyán-qiǎoyǔ | | 虚假而动听的话；说虚假而动听的话。 | |
| 42. 障碍 | zhàng'ài | 名 | 阻挡前进的东西。 | 二 |
| 43. 惨重 | cǎnzhòng | 形 | （损失）极其严重。 | 三 |

## 一、不妨

★ 当你在一些问题上感到犹豫不决时，不妨到朋友那里，也许他广博的见闻可以帮助你做出选择。

◆ 说明：副词。表示可以这样做，没有什么妨碍。"不妨"前面或后面的活动都是还没有实现的，往往带有委婉地建议或者提示的语气。

### 1. 不妨＋动词（重叠形式或短语）

（1）他既然要你去，你又没事，不妨看看去。

（2）你有什么不同意见，不妨当面提出来。

### 2. 动词（重叠形式或短语）＋也＋不妨

（3）没有做过的事试试也不妨。

（4）你跟他谈一下也不妨，反正早晚得告诉他。

## 二、反而

★ 他不会对你说个"不"字，反而会顺着你的思路，称赞你，夸奖你。

◆ 说明：副词，表示跟上文意思相反，或出乎预料和常情。一般用在后一个分句里，常同"不但、不仅"等连词配合使用，表示递进的语气。

(1) 风不但没停,反而更大了。

(2) 刚才还很饿,现在饭做好了,反而没有胃口了。

## 三、以便

★ 他们的原则就是让你高兴,以便从中得利。

◆ 说明:连词。用于后一分句的开头,表示有了上面所说的条件或者情况,下面说到的目的容易实现,多用于书面语。

(1) 会议内容最好及早通知,以便大家提前准备。

(2) 候车室里有不少画报,以便旅客浏览消遣。

(3) 出了事故要找一找原因,以便从中吸取教训。

## 四、不由得

★ 这种人天生伶牙俐齿,没有他不知道的事,没有他不懂得的道理,说起话来滔滔不绝,气势逼人,不由得人不相信。

◆ 说明:动词和副词。

### 1. 动词,不许,不让,容不得

(1) 他说得这么透彻,不由得你不信服。

(2) 类似这样的例子零星地见诸报端,也许会成为人们佐餐的笑料,但综合起来一块儿看,就不由得不让人产生忧虑了。

### 2. 副词,不禁,表示某种动作行为是不由自主产生的

(3) 这场话剧太感人了,很多观众都不由得热泪盈眶。

(4) 这个情景,让我不由得又想起了和他一起去看电影的那些幸福的日子。

## 五、千万

★ 这样的朋友可千万不要交,否则我们将付出惨重的代价。

◆ 说明:副词。意为"务必",表示恳切叮咛,只用于祈使句。否定句比

肯定句用得多，用于否定句时，常跟"别、不可、不能、不要"连用，用于肯定句时，常跟助动词"要"连用。

（1）每天上学前，妈妈都要叮嘱小芳过马路千万要小心。
（2）这个秘密牵涉到的人太多了，你千万不要泄露出去。

> ⊙ 词语辨析：千万、万万
>
> 两者都可作副词，意思相近。区别在于："万万"只用于否定句，"千万"则可以用于否定句和肯定句；"千万"只用于祈使句，"万万"不受这个限制；"万万"的语气比"千万"略强些。
>
> （1）千万要记得下周末有考试。
> （2）万万没有想到在异国他乡的街上竟然偶遇旧友。
> （3）设计工作往往差之毫厘失之千里，万万（千万）不可粗心大意。

## 六、否则

★ 这样的朋友可千万不要交，否则我们将付出惨重的代价。

◆ 说明：连词。意为"如果不是这样"，用在复句后一分句的开头。

### 1. 后句指出从前句推论的结果，或提供另一选择

（1）他一定有要紧事找你，否则不会接连打三次电话来。
（2）你最好下午去，否则就明天一早去。

### 2. 后句可用反问句式

（3）看来他已经离开上海了，否则为什么没有回我的电话？
（4）年轻干部必须到基层去工作一段时间，否则怎么能了解下情？

### 3. 除非……否则……

（5）除非有特殊情况，否则就按原计划行事。
（6）除非你答应陪我一起去，否则我不去。

### 4. "否则"后可带"的话"，有停顿

（7）最好让小兰去，否则的话，只有你自己去一趟了。

(8) 我想他大概不同意，否则的话，为什么一句话也不讲？

## 综合练习

### 一、注音并熟读下列词语

(　　)　　　(　　)　　　(　　)
　谣言　　　　　诽谤　　　　　惨痛

(　　)　　　(　　)　　　(　　)
　坦诚　　　　　控诉　　　　　阴暗

### 二、选择合适的字组词

膨（涨　胀）　和（霭　蔼）　虚（违　伪）　（烦　反）感

### 三、把成语补充完整，并选择合适的解释

1. 刚正不（　　）　　说话或写文章浮夸，不切实际。
2. 犹豫不（　　）　　形容能说会道，善于狡辩。
3. 溜（　　）拍马　　刚强正直。
4. 巧舌如（　　）　　指谄媚奉承。
5. 夸夸其（　　）　　拿不定主意。

### 四、给动词填上合适的宾语

谋求_____　散布_____　控诉_____　恭维_____
净化_____　败坏_____　诽谤_____　反感_____

### 五、填上合适的近义词

惨痛_____　诚恳_____　坦诚_____　果敢_____
质问_____　阴暗_____　散布_____　障碍_____

## 六、根据课文内容填空

1. 孔子说，这个世界上对自己有帮助的有三种好朋友，就是所谓"益者三友"，即（　　　　　　　　　）。

2. 如果你不付出（　　　　）的代价，这个朋友是不会放过你的。

3. 这种人没有真才实学，（　　　　）却腹内空空，和上面讲的"多闻"有鲜明的区别。

4. 但是，好话听多了，头脑就该发昏了，自我就会恶性（　　　　），盲目自大，失去了基本的自省能力，那离灾难也就不远了。

## 七、选择合适的词语

1. 他太激动了，心里有（千言万语　花言巧语），却无从谈起。

2. 这个人口才特别好，一说起话来就（夸夸其谈　滔滔不绝）。

3. 他不会对你说个"不"字，（反而　因而）会顺着你的思路，称赞你，夸奖你。

4. 当你在一些问题上感到犹豫不决时，（不妨　妨碍）到朋友那里，也许他广博的见闻可以帮助你做出选择。

5. 一个人在外，你（千万　万万）要注意身体。

6. 我（千万　万万）没有想到他会在这里等我。

## 八、用指定的词语完成句子

1. 如果担心迟到，_____。（不妨）

2. 面对这么紧张的气氛，_____。（反而）

3. 一看到这幅照片，_____。（不由得）

4. 学好汉语，打好基础，_____。（以便）

5. 工地在施工，_____。（千万）

6. 明天有面试，我得抓紧时间准备一下，_____。
（否则）

## 九、排列正确顺序

1. A　就像拥有了一本厚厚的百科辞典
   B　得到对自己有益的借鉴
   C　我们总能从他的经验里面
   D　结交一个多闻的朋友
   （　　　　　　　　）

2. A　《论语》中的损者三友
   B　否则我们将付出惨重的代价
   C　就是谄媚拍马的朋友
   D　这样的朋友可千万不要交
   E　还有那些夸夸其谈的朋友
   （　　　　　　　　）

3. A　我们在生活中经常会碰到这样的人
   B　你做的任何事情，他都会说"太棒了"
   C　他不会对你说半个"不"字
   D　你说的什么话，他都会说"太精彩了"
   E　反而会顺着你的思路，称赞你，夸奖你
   （　　　　　　　　）

4. A　则会招致受众反感
   B　公益广告不可回避"劝服"这一功能属性
   C　反而影响广告效果
   D　然而公益广告如果一味强调"劝服"功能
   （　　　　　　　　）

5. A　以便进行自我调适
   B　人为了自身的安全、生存和发展
   C　适应变化的外部环境

D 需要及时感知客观世界的变动
  (　　　　　)

6. A 父母都希望自己的孩子能够健康
   B 为此毫不吝惜财力物力
   C 并被社会认可
   D 也要为孩子进行大笔投资
   E 哪怕自己过得再苦
   (　　　　　)

## 十、选择和下列句子意思一致的一项

1. 这种朋友为人坦诚，刚正不阿，没有一丝谄媚之色。他的人格可以影响你的人格。他可以在你胆怯的时候给你勇气，也可以在你犹豫不决的时候给你果敢，所以这是一种好朋友。
   A 为人坦诚的朋友是好朋友。
   B 胆怯和犹豫不决的人没有人格。

2. 有真才实学的人，如果不善于表达自己，也会给自己的职业和人生带来一些障碍。
   A 不善于表达自己的人都是有真才实学的人。
   B 善于表达自己的人，职业和人生会比较顺利。

3. 在孔子生活的先秦时代，不像我们今天有电脑，有网络，有这么发达的信息，有各种形式的媒体。那个时候的人要想广视听怎么办呢？
   A 孔子时代没有今天发达的信息。
   B 孔子时代的人不想开阔自己的视野。

## 十一、交际训练

1. 你还了解哪些有关孔子的故事，试着跟大家分享一下吧！
2. 设计一个小问卷，试着调查一下你周围的朋友对孔子的了解。
3. 简单说说你对孔子及《论语》的看法。

山东省曲阜市孔子博物馆

## 第二课　新拼妈时代

### 热身

1. 开家长会的时候，你喜欢让爸爸来还是妈妈来，为什么？
2. 妈妈对你的影响大，还是爸爸对你的影响大？表现在哪些方面？
3. 你了解网络语言吗？简单说说它的特点。

上海街头雕塑

如今"拼爹"已经不再新鲜,"拼妈"渐渐成为潮流。此拼不同于彼拼,拼的不是钱多权大,也不是奉献和牺牲,而是比拼妈妈的综合素质。

在新拼妈时代,每一个对儿女的未来怀有梦想的妈咪,都会迸发出无限的潜力。我们要做热爱生活的"潮妈",疼爱自己,折腾生活,玩出花样儿,不断吸收新鲜育儿观念,做一个强大的"hold 住妈",只有如此,孩子才能拥有更高级的"拼妈"资本。以下就是两位妈妈的自述。

### 爱玩妈——带着 4 岁背包客行走世界

当妈妈之后,我经常陷入一种想逃脱烦累又无处可逃的困境:家事繁重、前途不清,再加上孩子胡闹,我疲惫、忙碌、焦虑……很多妈妈会放弃梦想,安慰自己说:我在为孩子做伟大的牺牲……我却不想这样,我想做儿子眼中独一无二的潮妈。

曾经听过一个故事:某人带着一群孩子开着船,一路游学。上历史课的时候,船就开到希腊;上美术课的时候,船就开到法国;上足球课的时候,船就开到巴西……那个童话般的故事深深吸引了我。一个普通的妈妈,而且比较笨,能不能把童话变成现实呢?作为曾经的背包客,我想亲自把这个世界介绍给我的儿子,让他看到、听到、摸到、行走在真实的世界里。

在决定一个人开车,带着 4 岁的儿子前往我心驰神往的科罗拉多大峡谷之前,我害怕了很久。我花了大量的时间试图寻找有趣的旅行团、换乘便利的公共交通工具,甚至动员朋友同行。当我发现一切寻找无果之后,我还是不想放弃——凭什么有了孩子,就不能做这样的事呢?

大概就是"要让儿子为我骄傲"的这份雄心,让我在最后一分钟,于杂乱的思绪里迸发出火花般的勇气,一踩油门、不回头地一路向前。

我认真在网上查找路线，确保每天开车的里程在我的能力范围之内，确保不用开夜车，确保住宿在较大的城市；我每天加油，确保汽车不在荒郊野外因没油而抛锚；我每天在保温瓶里装好热水，确保因意外而滞留的话，孩子有温暖的食物。

当然也有预料不到的事情。比如，在当地人拍了胸脯满街都是旅馆的地方，会找不到床位……意料之外，是人生常态。这时格外需要沉住气，我告诫自己一定要做"hold住妈"，学会处理各种突发情况和困难，因为这也是教儿子如何面对人生。

旅途中，儿子从弱小、怯生、害怕的小男孩，成长为勇敢、乐观、贴心的好旅伴。每天，我们一起拖着大包小包的行李出发，分享同一份食物，携手漫步在意想不到的美景之中，一起在车里放声高歌，一起体验各色旅馆里或好或坏的淋浴，然后相拥入眠。

在亚利桑那州，我们到达景点马蹄湾时已是黄昏，路牌声明：进去看马蹄湾的步行距离有1.2公里，但沿路只有沙漠，没有饮用水，也没有遮阴的地方。儿子目光坚定地告诉我："妈妈，我们一定要去！"于是，我们决定徒步进入沙漠。

我和儿子挥赶着漫天飞舞的小黑虫子，迈进无边的橙色沙漠，寻找那马蹄湾。儿子对我说："妈妈，走在别人的脚印上，就能快一点。"我惊奇于他第一次踏进沙漠竟然就掌握了要领。他一耸肩，说："我小时候就会了。"看来孩子的强大是永远无法预计的。我们成功地看到了马蹄湾上碎金般的日落。而远方低沉的乌云之下，是一道美丽的沙漠彩虹。多么美好的黄昏！

回国后，一天从幼儿园回到家，儿子对我说："妈妈，为什么你和别的妈妈这么不同呢？幼儿园的小朋友，他们的妈妈都给他们报了各种各样的特长班，你却总是带着我出去玩。他们都羡慕我有一个这么会玩的妈妈。"

我听了哈哈大笑。特长班算什么，比起带儿子行走江湖的侠气，统统弱爆了。

第二课 新拼妈时代

## 巧手妈——时尚名牌与妈妈的差距

女儿嘉嘉10岁那年的一场家长会，让我刻骨铭心。

之前，嘉嘉的家长会都是由我老公参加。但是那次家长会的前一天，老公因出差去了外地。一听我要去开家长会，嘉嘉立刻黑了脸。

家长会上，很多妈妈都是职业经理人或者金领，衣着光鲜，气势逼人。那一刻，嘉嘉眼里的忧郁一下子击中了我。我这才明白她喜欢爸爸去开家长会的原因。我老公是一家大型公司的总经理，若在同学中"拼爸"，嘉嘉有绝对优势。而我，作为一名两个孩子的全职妈妈，至今一无所长。

第二年，把小儿子送到幼儿园之后，我开始思考自己能做什么。因为有10年时间没上班，我已和职场严重脱节。老公说："你就打打麻将、做做美容什么的，我养你就是了。"我的脑中突然浮现出嘉嘉忧郁的眼神。我摇头，坚决不能做"废物"妈妈！

那些天，我在网上各个妈妈论坛里走马观花地穿行，想了解当今的潮妈都具备什么素质。一天，在一个论坛我看到一位潮妈在晒自己为女儿编织的玫瑰花毛衣裙，层层叠叠的玫瑰花让裙子看上去非常优雅美丽，引来很多潮妈追捧。我想，当她的女儿穿着这条毛衣裙行走在校园里时，一定会引来无数羡慕的目光。我为什么不能为嘉嘉织一件这么漂亮的作品呢？

说干就干。我买来棒针、毛线，向论坛的姐妹虚心求教，认真地开始了编织生涯。那些复杂的图解，对我来说无异于天书。我织了拆，拆了织，手上磨了好几个血泡。当第一朵玫瑰雏形呈现在我眼前时，我几乎喜极而泣。

第一件作品，花费了我将近三个月时间。当我把那件重重叠叠地堆积着72朵红玫瑰的毛衣裙放在嘉嘉面前时，她惊喜交加。穿上它，嘉嘉一下子从毫不起眼的灰姑娘变成了光彩夺目的俏公主。我和嘉嘉不遗余力地赞美着对方，仿佛她就是天底下最漂亮的女儿，而我则是天底下最手巧的妈妈。

高级汉语精读教程

此后，我逛街时特别注意看别人穿什么款式的衣服，一看到很流行的款式，就想自己能否也织上一件，于是作品越来越多。一天，花枝招展的女儿跑来兴奋地对我说："妈妈，我同学说她妈妈花几千元给她买的名牌毛衣裙，还不及你织的一半漂亮，还开玩笑说想和我对换妈妈。"

当女儿开始以我为荣时，我更加热爱编织了。我用心琢磨每一款作品，并将成品拍成照片发到编织论坛。渐渐地，我开始小有名气。后来，应北京一家出版社编辑的邀请，我把几年来积累的100多件作品拍成图片、画出详解图交给出版社出书。之后，出版社又邀请我投入第二本书的设计工作。从此，我不再是灰头土脸的家庭主妇，开始拥有自己的事业。

在女儿眼里，我再也不是拿不出手的妈妈。一次，嘉嘉给我看一张图片，那是一款精致的毛衣，粗线编织、蓝色、高领。她又从箱底翻出我为她织的一件款式、花纹都很接近的毛衣，大惊小怪地说："这是一家国际名牌的新款毛衣，售价三万多元呢！原来，我5年前就穿过奢侈品牌的毛衣了。"

嘉嘉的幽默话语逗乐了我。接着，她话锋一转，认真地说："妈妈，我准备把你的资料发到这家公司，问问他们还缺不缺设计师。"嘉嘉还在QQ签名里调侃道："国际品牌与妈妈之间的差距：落后5年。"

那一刻，我终于知道自己在女儿心中的地位。

（选自《家庭》2012年10期，有改动。）

## 注释

1. hold 住：指面对各种状况都要控制住、坚持住、保持住，要充满自信，从容地应对一切。

2. 爆：网络流行语，用于形容词后，做补语，表示程度极高。

3. 晒：本义为太阳把光和热照射到物体上，或者在阳光下吸收光和热。现在引申为：将自己的罕有物或特殊技能等展现给别人的行为，有"炫耀"义，有时也有"展示"义，如"晒工资、晒学历、晒新买的包"等。

## 生词语

| | | | | | |
|---|---|---|---|---|---|
| 1. | 新鲜 | xīnxiān | 形 | 事物出现不久，还不普遍；稀罕；新奇。 | 二 |
| 2. | 当下 | dāngxià | 名/副 | 目前，现在；就在那个时刻，立刻。 | 三 |
| 3. | 奉献 | fèngxiàn | 动 | 恭敬地交付；呈献。 | 二 |
| 4. | 牺牲 | xīshēng | 动 | 放弃或损害一方的利益。 | 二 |
| 5. | 折腾 | zhēteng | 动 | 反过来倒过去；反复做（某事）。 | 三 |
| 6. | 花样儿 | huāyàngr | 名 | 花纹的式样，泛指各种式样或种类；花招儿。 | 三 |
| 7. | 背包客 | bēibāokè | 名 | 指背着背包自助旅游的人，也指登山、探险等户外活动的参与者。 | |
| 8. | 繁重 | fánzhòng | 形 | （工作、任务）多而重。 | 三 |

| | | | | | |
|---|---|---|---|---|---|
| 9. | 胡闹 | húnào | 形 | 行动没有道理，无理取闹。 | 三 |
| 10. | 疲惫 | píbèi | 形 | 非常疲乏，非常累。 | 三 |
| 11. | 忙碌 | mánglù | 形 | 事情多，没有空闲。 | 三 |
| 12. | 焦虑 | jiāolǜ | 形 | 焦急忧虑。 | 三 |
| 13. | 独一无二 | dúyī-wú'èr | | 没有相同的，没有可以相比的。 | F |
| 14. | 心驰神往 | xīnchí-shénwǎng | | 心神飞到（向往的地方）。 | |
| 15. | 雄心 | xióngxīn | 名 | 远大的理想和抱负。 | |
| 16. | 抛锚 | pāomáo | 动 | 把锚投入水中，使船停稳；汽车等中途发生故障而停止行驶。比喻进行中的事情因故中止。 | |
| 17. | 滞留 | zhìliú | 动 | 停留不动。 | 三 |
| 18. | 预料 | yùliào | 动 | 事先推测。 | 三 |
| 19. | 常态 | chángtài | 名 | 正常的状态。 | F |
| 20. | 格外 | géwài | 副 | 表示超过寻常。 | 二 |
| 21. | 贴心 | tiēxīn | 形 | 心紧挨着心，形容最亲近、最知己。 | 三 |
| 22. | 携手 | xiéshǒu | 动 | 手拉着手，比喻共同做事情。 | 三 |
| 23. | 遮 | zhē | 动 | 遮蔽，阻挡。 | 三 |
| 24. | 徒步 | túbù | 副 | 步行。 | 三 |
| 25. | 漫天 | màntiān | 形 | 布满了天空，形容没边儿的，没限度的。 | |
| 26. | 要领 | yàolǐng | 名 | 要点。 | F |

| | | | | |
|---|---|---|---|---|
| 27. | 低沉 | dīchén | 形 | 天色阴暗，云层厚而低；声音低；情绪低落。 |
| 28. | 刻骨铭心 | kègǔ-míngxīn | | 刻在骨头上或心上，比喻牢记在心上，永远不忘。也说铭心刻骨。 |
| 29. | 光鲜 | guāngxiān | 形 | 明亮鲜艳，整洁漂亮。（方） |
| 30. | 一无所长 | yīwúsuǒcháng | | 一点长处和优点都没有。 |
| 31. | 脱节 | tuōjié | 动 | 原来连接着的部分分开，借指原来联系着的事物失掉联系，或原来应联系的事物没联系起来。 |
| 32. | 走马观花 | zǒumǎ-guānhuā | | 比喻粗略地观察事物。也说走马看花。 |
| 33. | 层层叠叠 | céngcéng-diédié | | 形容层次繁多、错综复杂。 |
| 34. | 追捧 | zhuīpěng | 动 | 追逐捧场。 |
| 35. | 生涯 | shēngyá | 名 | 指从事某种活动或职业的生活。 |
| 36. | 喜极而泣 | xǐjí'érqì | | 高兴到了极点而哭了起来。 |
| 37. | 俏 | qiào | 形 | 样子好看。 |
| 38. | 不遗余力 | bùyí-yúlì | | 用尽全部力量，一点也不保留。 |
| 39. | 花枝招展 | huāzhī-zhāozhǎn | | 形容女性打扮得十分艳丽。 |
| 40. | 灰头土脸 | huītóu-tǔliǎn | | 满头满脸沾上尘土的样子；形容神情懊丧或消沉。 |
| 41. | 拿不出手 | nábùchūshǒu | | 由于不像样、不中看或经不起挑剔而不好意思亮出来。 |

| 42. | 精致 | jīngzhì | 形 | 精巧细致。 | 三 |
| 43. | 大惊小怪 | dàjīng-xiǎoguài | | 形容对不足为奇的事情过于惊讶。 | F |
| 44. | 调侃 | tiáokǎn | 动 | 用言语戏弄，嘲笑。 | 三 |

**专有名词**

1. 科罗拉多大峡谷　　Kēluólāduō Dàxiágǔ　　the Grand Canyon。
2. 亚利桑那州　　　　Yàlìsāngnà Zhōu　　　美国西南部的一个州名。

## 语言点

### 一、因……而……

★ 我每天加油，确保汽车不在荒郊野外因没油而抛锚；我每天在保温瓶里装好热水，确保因意外而滞留的话，孩子有温暖的食物。

◆ 说明："因……而……"为表示因果关系的固定格式。"因"后是表示原因的词语，为名词、动词、形容词等；"而"后表示引出的结果，多为动词、形容词。

（1）这件事可不能因我而受影响。

（2）我们保证不会因工作受了挫折而丧失信心。

（3）植物可以因缺水而枯死，所以养植物的时候一定要细心。

### 二、或……或……

★ 每天，我们一起拖着大包小包的行李出发，分享同一份食物，携手漫步在意想不到的美景之中，一起在车里放声高歌，一起体验各色旅馆里或好或坏的淋浴，然后相拥入眠。

◆ 说明：连词。

**1. 表示选择**

（1）或同意或反对，你倒是给句话啊。

（2）有什么问题或问他或问我都可以。

**2. 连接两个小句，主语不同时，"或"只能在主语前，最后常有表示总结的小句**

（3）或你来，或我去，都行。

（4）或老师指导，或学生自学，不管哪种方式，都要有计划。

**3. 连接多项成分，可用在每一项成分前，也可只用在最后一项前**

（5）明天他的婚礼我们必须去一个人，或你，或小程都行。

（6）赞成，反对，或弃权，你必须选择一项。

**4. 表示几种交替的情况，连接动词短语，用几个"或"表示"有的……有的……"**

（7）每天清晨都有许多人在公园里锻炼，或跑步，或打拳，或做操。

（8）许多年轻的艺术家在辛店、北寺、小杨庄等村落，或买房，或租房，逐渐使这一片成了一个艺术家的聚集地。

**5. "或……或"还用于固定格式，用于书面，例如"或快或慢、或前或后"**

（9）这份兼职或多或少地增加了他的收入。

（10）人固有一死，或重于泰山，或轻于鸿毛。

## 三、比起……

★ 特长班算什么，比起带儿子行走江湖的侠气，统统弱爆了。

◆ 说明：表示"和……相比"的意思，必带宾语。

（1）比起北京，长春的物价要低多了。

（2）比起过去，现在的生活好多了。

## 四、……就是

★ 你就打打麻将、做做美容什么的，我养你就是了。

◆ 说明：语气助词，用于陈述句末尾。后常加"了"。

**1. 加强肯定语气，表示不用怀疑、犹豫**

（1）别担心，我一定帮助你就是了。
（2）这次考试大家都能通过，你放心就是了。

**2. 表示如此而已，有把事情往小里说的意味，常跟"不过、只是"等呼应。同"罢了"**

（3）我什么都知道，只是不说就是了。
（4）这次没考好，下次努力就是了。

## 五、……交加

★ 当我把那件重重叠叠地堆积着72朵红玫瑰的毛衣裙放在嘉嘉面前时，她惊喜交加。

◆ 说明：动词。表示两种事物或情感同时出现或同时加在一个人身上，如"风雪交加、雷电交加、贫病交加、穷苦交加、惊喜交加、悲喜交加、棍棒交加、拳脚交加"等。

（1）一个风雪交加的夜晚，他回到了久别的故乡。
（2）尽管歹徒对他拳脚交加，他仍然死死拉住歹徒的衣服不放，最后在群众的帮助下，终于把歹徒制服了。

## 六、以……为……

★ 当女儿开始以我为荣时，我更加热爱编织了。

◆ 说明：表示"拿（把）……当作（作为）"的意思。

（1）这次汉语节目比赛要以不影响正常教学秩序为原则。
（2）他以帮助同学为自己最大的乐趣。

## 综合练习

### 一、注音并熟读下列词语

( ) ( ) ( )
　花样儿　　　　　折腾　　　　　　滞留

( ) ( ) ( )
　徒步　　　　　　光鲜　　　　　　调侃

### 二、根据解释填上合适的词语

1. 布满了天空，形容没有边儿的，没限度的。　　（　　　　）
2. 远大的理想和抱负。　　　　　　　　　　　　（　　　　）
3. 行动没有道理，无理取闹。　　　　　　　　　（　　　　）
4. 放弃或损害一方的利益。　　　　　　　　　　（　　　　）
5. 一点长处和优点都没有。　　　　　　　　　　（　　　　）
6. 事先推测。　　　　　　　　　　　　　　　　（　　　　）

### 三、填上合适的中心语

新鲜的_____　忙碌的_____　疲惫的_____　精致的_____

奢侈的_____　低沉的_____　漫天的_____　光鲜的_____

### 四、选择合适的词语填空

　　要领　　常态　　奢侈　　花样儿　　生涯

1. 学习太极拳首先要掌握每个动作的基本（　　　）。
2. 过了30岁，他的运动（　　　）就快结束了。
3. 忙忙碌碌几乎是现代人生活的（　　　）。
4. 妈妈特别喜欢做菜，每天都变着（　　　）给孩子们弄吃的。
5. 一个人住这么大的套房，是不是太（　　　）了？

**五、解释画线部分的意思**

1. 我们要做热爱生活的"潮妈"，疼爱自己，折腾生活，玩出花样儿，不断吸收新鲜育儿观念，做一个强大的"hold 住妈"，只有如此，孩子才能拥有更高级的"拼妈"资本。
   _____
   _____

2. 意料之外，是人生常态。
   _____
   _____

3. 特长班算什么，比起带儿子行走江湖的侠气，统统弱爆了。
   _____
   _____

4. 家长会上，很多妈妈都是职业经理人或者金领。
   _____
   _____

**六、用指定的词语或形式完成句子**

1. _____，你倒是表个态呀！（或……或……）

2. _____，小城市的空气要清新多了。（比起）

3. 这次考试大家都能通过，_____。（……就是）

4. 他知道所有的秘密，_____。（……就是）

5. _____的夜晚，他独自一人回到了家乡。（……交加）

6. 这届歌曲大赛要_____。（以……为……）

## 七、根据课文内容填空

那些天，我在网上各个妈妈论坛里（　　）地穿行，想了解当今的潮妈都具备什么（　　）。一天，在一个论坛我看到一位潮妈在（　　）自己为女儿编织的玫瑰花毛衣裙，（　　）的玫瑰花让裙子（　　）非常优雅美丽，引来很多潮妈（　　）。我想，当她的女儿穿着这条毛衣裙行走在校园里时，一定会引来无数（　　）的目光。我为什么不能为嘉嘉织一件这么漂亮的作品呢？

## 八、从下列句子中挑出错误的一项

1. A 我和嘉嘉不遗余力地赞美着对方，仿佛她就是天底下最漂亮的女儿，而我则是天底下最手巧的妈妈。

   B 我和儿子挥赶着漫天飞舞的小黑虫子，迈进无边的橙色沙漠，寻找那马蹄湾。

   C 2011年，被北京一家出版社编辑应邀，我把几年来积累的100多件作品拍成图片、画出详解图交给出版社出书。

   D 在新拼妈时代，每一个对儿女的未来怀有梦想的妈咪，都会迸发出无限的潜力。

2. A 家长会上，很多妈妈都是职业经理人或者金领，衣着光鲜，气势逼人。

   B 在决定一个人开车，带着4岁的儿子前往我心驰神往的科罗拉多大峡谷之前，我害怕了很久。

   C 我认真在网上查找路线，确保每天开车的里程在我的能力范围之内。

   D 那些天，我在网上各个妈妈论坛里车水马龙地穿行，想了解当今的潮妈都具备什么素质。

3. A 那些复杂的图解，对我来说无异于天书。

   B 一天，在一个论坛我看到一位潮妈在晒自己为女儿编织的玫瑰花毛衣裙，层层叠叠的玫瑰花让裙子看上去非常优雅美丽，引来很多潮妈追赶。

C 当我把那件重重叠叠地堆积着72朵红玫瑰的毛衣裙放在嘉嘉面前时，她惊喜交加。

D 当女儿开始以我为荣时，我更加热爱编织了。

4. A 相对于其他媒体的受众，报纸的读者具有相对较高的文化层次。

B 我们保证不会因工作受了挫折却丧失信心。

C 在当今这个人口拥挤、高消费的世界里，努力保持人与地球的联系是必要的。

D 有些人具有科学、逻辑的思维；有些人对美与和谐更为敏感。

## 九、排列正确顺序

1. A 大概就是"要让儿子为我骄傲"的这份雄心

   B 一踩油门、不回头地一路向前

   C 于杂乱的思绪里迸发出火花般的勇气

   D 让我在最后一分钟

   (　　　　　　)

2. A 并且做一个强大的"hold住妈"

   B 我们要做热爱生活的"潮妈"

   C 孩子才能拥有更高级的"拼妈"资本

   D 只有如此

   (　　　　　　)

3. A 一看到很流行的款式

   B 于是作品越来越多

   C 就想自己能否也织上一件

   D 我逛街时特别注意看别人穿什么款式的衣服

   (　　　　　　)

4. A 定州文庙始建于848年

   B 不仅是河北省最大、保存最完好的一座文庙

   C 有着一千一百多年的历史

   D 也是全国最大、保存最为完好的文庙之一

   (　　　　　　)

 趣味汉语

## "马虎"一词的由来

　　人们形容办事粗心大意、草率从事、不认真负责，常常会用"马虎"这个词。关于"马虎"一词的来历，还有一段有趣的传说。

　　宋朝时候，京城有个画家，一次他刚画一只虎头，就有人请他画马，于是他就在虎头后面画了马身子。请他画马的人惊奇地问："画的是马还是虎？"画家回答："马马虎虎。"随后把这幅画挂在墙上日夜欣赏。他大儿子问他画的是什么，他答是虎，二儿子问他画的是什么，他答是马。后来大儿子去打猎，遇见一匹马误以为是虎，就将马射死了，结果只好给马主人赔偿损失。二儿子在野外碰上老虎，认为是马，便要骑它，结果被虎咬死了。画家痛心地把画烧掉，并做了一首诗自诫。从此，人们称办事不认真的人为"马虎先生"。

　　（选自黄蓉《最新开心辞典》，中国致公出版社2001年版，有改动。）

# 第三课 面对苦难

 **热身**

1. 你觉得下列哪些事情可以看作"苦难"？（多选）
a. 失恋　　b. 地震　　c. 死亡　　d. 海啸　　e. 失业
2. 你知道"苦难"的反义词吗？从课文中找找答案。
3. 你看过的哪部中国影视剧是反映"苦难"主题的？请说出名字，并简单介绍一下剧情。

## 课文

人生在世，免不了要遭受苦难。所谓苦难，是指那种造成了巨大痛苦的事件和境遇。它包括个人不可抗拒的天灾人祸，例如遭遇乱世或灾荒，患危及生命的重病乃至绝症，亲人死亡；也包括个人在社会生活中的重大挫折，例如失恋、婚姻破裂、事业失败。有些人即使在这两方面运气都好，却也无法避免那个一切人迟早要承受的苦难——死亡。因此，如何面对苦难，便是摆在每个人面前的重大人生课题。

人们往往把苦难看作人生中纯粹消极的、应该完全否定的东西。当然，苦难不同于主动地冒险，冒险有一种挑战的快感，而我们忍受苦难总是迫不得已的。但是，作为人生消极面的苦难，它在人生中的意义总是完全消极的吗？

　　苦难与幸福是相反的东西，但它们有一个共同之处，就是都直接和灵魂有关，并且都牵涉到对生命意义的评价。在通常情况下，我们的灵魂是沉睡着的，一旦我们感到幸福或遭到苦难时，它便醒来了。如果说幸福是灵魂的巨大快乐，这快乐源于对生命的美好意义的强烈感受，那么，苦难之为苦难，正在于它撼动了生命的根基，打击了人对生命意义的信心，因而使灵魂陷入了巨大痛苦。生命意义仅是灵魂的对象，对它无论是肯定还是怀疑、否定，只要是真切的，就必定是灵魂在出场。外部的事件再悲惨，如果它没有震撼灵魂，不成为一个精神事件，就称不上是苦难。一种东西能够把灵魂震醒，使之处于虽然痛苦却富有生机的紧张状态，应当说必具有某种精神价值。

　　多数时候，我们是生活在外部世界上。我们忙于琐碎的日常生活，忙于工作、交际和娱乐，难得有时间想一想自己，也难得有时间想一想人生。可是，当我们遭到厄运时，我们忙碌的身子停了下来。厄运打断了我们所习惯的生活，同时也提供了一个机会，迫使我们与外界事物拉开了一个距离，回到了自己。只要我们善于利用这个机会，肯于思考，就会对人生获得一种新眼光。古罗马哲学家认为逆境启迪智慧，佛教把对苦难的认识看作觉悟的起点，都自有其深刻之处。我相信，一个历尽坎坷而仍然热爱人生的人，他胸中一定藏着许多从痛苦中提炼的珍宝。

　　苦难不仅提高我们的认识，而且也提高我们的人格。苦难是人格的试金石，面对苦难的态度最能表明一个人是否具有内在的尊严。譬如失恋，只要失恋者真心爱那个弃他而去的人，他就不可能不感到极大的痛苦。但是，同为失恋，有的人因此自暴自弃，有的人为之反目成仇，有的人则怀着自尊和对他人感情的尊重，默默地忍受痛苦，其间便有人格上的巨大差异。当然，每个人的人格并非一成不变的，他对痛苦的态度本身也在铸造着他的人格。不论遭受怎样的苦难，只要他始终警觉着他拥有采取何种态度的自由，并勉励自己以一种坚忍高贵的态度承受苦难，他就比任何时候都更加有效地提高着自己的人格。

凡苦难都具有不可挽回的性质。不过，在多数情况下，这只是指不可挽回地丧失了某种重要的价值，但同时人生中毕竟还存在着别的一些价值，它们鼓舞着受苦者承受眼前的苦难。譬如说，一个失恋者即使已经对爱情根本失望，他仍然会为了事业或为了爱他的亲人活下去。但是，世上有一种苦难，不但本身不可挽回，而且意味着其余一切价值的毁灭，因而不可能从别的方面汲取承受它的勇气。在这种绝望的境遇中，如果说承受苦难仍有意义，那么，这意义几乎唯一地就在于承受苦难的方式本身了。

第二次世界大战时，有一个名叫弗兰克的人被关进了集中营。凡是被关进这个集中营的人几乎没有活着出来的希望，等待着他们的是毒气室和焚尸炉。弗兰克的父母、妻子、哥哥确实都遭到了这种厄运。但弗兰克极其偶然地活了下来，他写了一本非常感人的书，讲他在集中营里的经历和思考。在几乎必死的前景下，他之所以没有被集中营里非人的苦难摧毁，正是因为他从承受苦难的方式中找到了生活的意义。他说得好：用保持尊严的方式承受苦难，这是一项实实在在的内在成就，因为它证明了人在任何时候都拥有不可剥夺的精神自由。

事实上，我们每个人都终究要面对一种没有任何前途的苦难，那就是死亡，而用保持尊严的方式承受死亡的确是我们精神生活的最后一项伟大成就。

（选自周国平《人生哲思语编》，上海辞书出版社，2001年版，有改动。）

## 注释

试金石：通常指黑色坚硬致密的硅质岩石。用黄金在试金石上画一条纹就可以看出黄金的成色。比喻精确可靠的检验方法和依据。

## 生词语

| | | | | | |
|---|---|---|---|---|---|
| 1. | 免不了 | miǎn·buliǎo | 动 | 不可避免，难免。 | 三 |
| 2. | 境遇 | jìngyù | 名 | 境况和遭遇。 | F |
| 3. | 抗拒 | kàngjù | 动 | 抵抗和拒绝。 | 三 |
| 4. | 遭遇 | zāoyù | 动/名 | 碰到；遇上；遇到的事情（多指不幸的）。 | 二 |
| 5. | 危及 | wēijí | 动 | 有害于，威胁到。 | 三 |
| 6. | 乃至 | nǎizhì | 连 | 甚至，乃至于。 | 三 |
| 7. | 挫折 | cuòzhé | 名 | 失败，失利。 | |
| 8. | 破裂 | pòliè | 动 | （完整的东西）出现裂缝；双方的感情、关系等遭破坏而分裂。 | 三 |
| 9. | 纯粹 | chúncuì | 形 | 不掺杂别的成分的。 | |
| 10. | 冒险 | màoxiǎn | 动 | 不顾危险地进行某种活动。 | 三 |
| 11. | 挑战 | tiǎozhàn | 动 | 激励自己主动跟困难做斗争。 | 二 |
| 12. | 迫不得已 | pòbùdéyǐ | | 迫于无奈，不由得不那样（做）。 | |
| 13. | 灵魂 | línghún | 名 | 心灵，思想；人格，良心。 | 三 |

| | | | | | |
|---|---|---|---|---|---|
| 14. | 牵涉 | qiānshè | 动 | 一件事情关联到其他的事情和人。 | 三 |
| 15. | 一旦 | yīdàn | 副 | 指不确定的时间，表示有一天。用于"已然"，表示"忽然有一天"；用于"未然"，表示"如果有一天"。 | 二 |
| 16. | 撼动 | hàndòng | 动 | 摇动，震动。 | |
| 17. | 震撼 | zhènhàn | 动 | 震动，摇撼。 | 三 |
| 18. | 琐碎 | suǒsuì | 形 | 细小而繁多。 | |
| 19. | 厄运 | èyùn | 名 | 困苦的遭遇，不幸的命运。 | F |
| 20. | 迫使 | pòshǐ | 动 | 用强力或压力使（做某事）。 | 三 |
| 21. | 逆境 | nìjìng | 名 | 不顺利的境遇。 | |
| 22. | 启迪 | qǐdí | 动 | 开导，启发。 | 三 |
| 23. | 提炼 | tíliàn | 动 | 用化学或物理的方法从化合物或混合物中提取。 | 三 |
| 24. | 尊严 | zūnyán | 形 | 尊贵庄严。 | 三 |
| 25. | 譬如 | pìrú | 动 | 比如。 | |
| 26. | 自暴自弃 | zìbào-zìqì | | 自己甘心落后，不求上进。 | |
| 27. | 反目成仇 | fǎnmù-chéngchóu | | 由和睦的朋友变为敌人。 | |
| 28. | 一成不变 | yīchéng-bùbiàn | | 一经形成，永不改变。 | F |
| 29. | 警觉 | jǐngjué | 名/动 | 对危险或情况变化的敏锐感觉；敏锐地感觉到。 | |

| 30. | 勉励 | miǎnlì | 动 | 劝人努力，鼓励。 | |
| 31. | 挽回 | wǎnhuí | 动 | 扭转已成的不利局面。 | 三 |
| 32. | 鼓舞 | gǔwǔ | 动 | 使振作起来，增强信心或勇气。 | 三 |
| 33. | 汲取 | jíqǔ | 动 | 吸取。 | |
| 34. | 摧毁 | cuīhuǐ | 动 | 用强大的力量破坏。 | 三 |
| 35. | 剥夺 | bōduó | 动 | 用强制的方法夺去；依照法律取消。 | 三 |
| 36. | 终究 | zhōngjiū | 副 | 毕竟，终归。 | 三 |

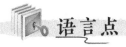 语言点

## 一、免不了

★ 人生在世，免不了要遭受苦难。

◆ 说明：动词，不能避免。可带动词、小句作宾语，动词前常用"要""会"等。

（1）在前进的道路上，免不了会遇到一些困难。

（2）这件事情如果处理不当，免不了人家会有意见。

> ⊙ 词语辨析：免不了、不免
>
> "免不了"是动词，宾语可以是小句，也可单独作谓语；"不免"为副词，表示由于某种原因而导致并非理想的结果，只修饰肯定形式的多音节动词或形容词。
>
> （1）做生意嘛，赔赚都免不了。
>
> （2）时间快到了，事情还没做完，心里不免着急起来。
>
> （3）他刚接手会计工作，有时候不免忙乱一些。

## 二、即使……，也……

★ 有些人即使在这两方面运气都好，却也无法避免那个一切人迟早要承受的苦难——死亡。

◆ 说明：表示假设兼让步关系。

**1. "即使……，也（还）……"前后两部分表示有关的两件事，前面常表示一种假设的情况，后面表示结果或结论不受这种情况的影响**

（1）理论如果不结合实践，即使学得再多，也没有用处。

（2）即使再晚一个小时出发，也来得及。

**2. "即使……，也（还）……"前后两部分指同一件事，但后一部分表示退一步的估计**

（3）今年的粮食即使不增产，也还能维持去年的水平。

（4）即使得了冠军，你们也不该骄傲自满。

**3. 表示一种极端的情况**

"即使（是）……，也（都）……"前后两部分只是一个主谓结构。前一部分是名词或介词短语（限于"在……"、"对……"、"很……"）。

（5）即使在隆冬季节，大连港也从不结冰。

（6）即使很细微的情节，我现在都记得清清楚楚。

---

⊙ 词语辨析：即使、尽管、虽然

1. "即使"表示的情况一般是假设性的，"尽管"、"虽然"表示一种事实

（1）即使条件再差，我们也要搞研究。

（2）尽管（虽然）条件很差，我们还是搞了起来。

2. "尽管"、"虽然"的后面可以用连词"但是"、"然而"、"可是"等呼应，"即使"不能

（3）尽管（虽然）很晚了，可是（但是）他还是不肯离开。

（4）即使再晚，他也不会离开。

## 三、一旦

★ 在通常情况下，我们的灵魂是沉睡着的，一旦我们感到幸福或遭到苦难时，它便醒来了。

◆ 说明：副词。指不确定的某一时间；忽然有一天，假设有一天。用在动词前，作状语，后面的分句常用"就"相呼应。

（1）这粒种子沉睡了一个冬天，一旦遇到温暖的阳光和充足的水分，它便会醒来。

（2）病人一旦有什么变化，你就立即通知我。

（3）商场没人值班，一旦失窃，领导就要负主要责任。

## 四、凡是

★ 凡是被关进这个集中营的人几乎没有活着出来的希望，等待着他们的是毒气室和焚尸炉。

◆ 说明：副词。表示在一定范围里没有例外，一般用在主语前。

（1）凡是跟他一起工作过的人，都称赞他良好的工作作风。

（2）凡是符合以上规定条件的人，均可报名参加。

（3）凡是帮助过我的人，我都不会忘记。

"凡"与"凡是"意思一样，"凡是"多用于口语。

## 五、之所以……，是因为……

★ 在几乎必死的前景下，他之所以没有被集中营里非人的苦难摧毁，正是因为他从承受苦难的方式中找到了生活的意义。

◆ 说明：表示因果关系。把表示结果的分句提前，以突出原因或理由。用于书面语。

（1）这部小说之所以受欢迎，是因为它内容丰富，语言优美。

（2）这些农民的土地之所以连年增产，是因为他们懂得科学种田。

（3）我之所以会吃惊，是因为没想到会在北京遇见他，更没想到他来北京的目的是寻找我。

（4）人们之所以爱鸟，是因为鸟能给自然界带来无限生机，给人类生活增添无穷乐趣。

## 综合练习

### 一、给上下两列组词连线

震　譬　尊　迫　摧　乃　灵

至　毁　撼　魂　使　严　如

### 二、给下面的成语注音，并选择合适的解释

一成不变（　　　）　　　连一样事情都没做成。

自暴自弃（　　　）　　　由和睦的朋友变为敌人。

一事无成（　　　）　　　自己甘心落后，不求上进。

反目成仇（　　　）　　　一经形成，永不改变。

### 三、给动词填上合适的宾语

剥夺_____　　汲取_____　　摧毁_____　　勉励_____

危及_____　　抗拒_____　　遭受_____　　迫使_____

### 四、选择合适的词语填空

乃至　　终究　　凡是　　一旦　　纯粹　　遭受

1. 人们往往把苦难看作人生中（　　）消极的、应该完全否定的东西。
2. 甲醇来源广泛，劣质煤、天然气、木屑（　　）垃圾，（　　）能产生一氧化碳和氢气的物质都可用来生产甲醇。
3. 虽然遇到的困难和挫折远远超出预料，但一路上的欢乐和欣喜（　　）多于痛苦和失意。
4. 人生在世，免不了要（　　）苦难。

5. 在通常情况下,我们的灵魂是沉睡着的,(　　)我们感到幸福或遭到苦难时,它便醒来了。

## 五、根据课文内容选择合适的词语

多数时候,我们是生活在外部世界上。我们忙于(破碎　琐碎)的日常生活,忙于工作、交际和娱乐,(难得　困难)有时间想一想自己,也难得有时间想一想人生。可是,当我们遭到(好运　厄运)时,我们忙碌的身子停了下来。厄运打断了我们所习惯的生活,同时也提供了一个机会,(迫使　迫害)我们与外界事物拉开了一个距离,回到了自己。只要我们善于利用这个机会,肯于思考,就会对人生(荣获　获得)一种新眼光。古罗马哲学家认为逆境启迪智慧,佛教把对苦难的认识看作(觉悟　觉察)的起点,都自有其深刻之处。我相信,一个历尽坎坷而仍然热爱人生的人,他胸中一定藏着许多从痛苦中(提炼　提出)的珍宝。

## 六、选择合适的关联词语

1. 如果说幸福是灵魂的巨大快乐,这快乐源于对生命的美好意义的强烈感受,(那么　否则),苦难之为苦难,正在于它撼动了生命的根基,打击了人对生命意义的信心,(反而　因而)使灵魂陷入了巨大痛苦。

2. 他之所以没有被集中营里非人的苦难摧毁,正(是因为　为的是)他从承受苦难的方式中找到了生活的意义。

3. (不论　尽管)遭受怎样的苦难,只要他始终警觉着他拥有采取何种态度的自由,并勉励自己以一种坚忍高贵的态度承受苦难,他(还　就)比任何时候都更加有效地提高着自己的人格。

## 七、用指定的词语完成句子

1. 在生活的道路上,_____。(免不了)

2. 即使这次比赛我们取得了胜利,_____。(也)

3. _____,我会立刻通知你。(一旦)

4. _____,我们就要认真考虑。(凡是)

5. 他之所以获得今天的成功，＿＿＿＿＿＿＿＿＿＿＿＿＿＿＿＿。（是因为）

6. ＿＿＿＿＿＿＿＿＿＿＿＿＿＿＿＿＿＿，是因为鸟给人类带了无穷的乐趣。（之所以）

## 八、排列正确顺序

1. A  厄运打断了我们所习惯的生活
   B  回到了自己
   C  迫使我们与外界事物拉开了一个距离
   D  同时也提供了一个机会
   （　　　　　　）

2. A  外部的事件再悲惨
   B  不成为一个精神事件
   C  就称不上是苦难
   D  如果它没有震撼灵魂
   （　　　　　　）

3. A  但它们有一个共同之处
   B  苦难与幸福是相反的东西
   C  并且都牵涉到对生命意义的评价
   D  就是都直接和灵魂有关
   （　　　　　　）

4. A  不论遭受怎样的苦难
   B  并勉励自己以一种坚忍高贵的态度承受苦难
   C  他就比任何时候都更加有效地提高着自己的人格
   D  只要他始终警觉着他拥有采取何种态度的自由
   （　　　　　　）

5. A  但是记忆与梦境却是人类最经得起时间考验的东西
   B  表面看来或许虚无缥缈
   C  梦与记忆一样，都来自脑海深处
   （　　　　　　）

# 第四课　水井的故事

**热身**

1. 你见过水井吗？什么地方还能看到水井？
2. 你了解水井的历史故事吗？
3. 试着了解一下你所在城市的历史。

**课文**

水井的发明时间大致可以确定在5000年以前。水井的发明为人们提供了一种亲近水源的形式，它是中国古代人民生活中不可或缺的事物。

## 水井与百姓生活

水井的发明打破了人们依赖河流生活的限制，逐水而居渐渐演变成为依井而居。越来越多的人来到这里，围绕着水井居住生活，聚落的规模不断增大，于是形成了这样一种城市格局：水井一般都位于聚落的中心地带或干道的交叉处，房屋围绕着这一中心，根据地势自由布置，街巷依水井而延伸，整个聚落逐渐向外扩张，规模逐渐扩大，从而形成了村落、乡镇、城市，因而也就有了"市井"一说。

古时候，除了祠堂、宗庙等礼制建筑以外，人们其他的公共活动如休闲娱乐、集会买卖等都会在水井边进行，这时的水井不仅仅是为了满足人们取水和用水的需要，同时也成了人们进行交流的公共场所。邻里相聚井边，妇女在井边洗衣、洗菜、淘米，说东家、道西家，毫无顾忌聊个不停；男人则用水桶到井边汲水，井边的方寸之地成了居民聚集闲话的场所，生活其乐融融，有滋有味。附近可以看到小商小贩们扛着扁担走街串巷，吆喝买卖；中年夫妇在井边悠闲地下棋；老人们叼着烟斗晒太阳，生活传统而悠然，传统市井生活显示出安逸朴实的大众文化魅力。水井对于百姓生活来说意义重大，修造水井成为百姓心目中的一大善举。饮水思源、吃水不忘凿井人便是百姓对这种善举的最好称赞。因此，修井成为有志于流芳后世的人们乐此不疲的一件事，也造就出了街头巷尾大大小小的各式各样的水井景观。

北京城缺少地表水源是自古就有的事实，偌大的北京城布满了大大小小的水井，根据近年来考古方面取得的进展，在北京市宣武门到西便门一带出土了大批战国至汉代的井圈。民间需要打井汲取地下水，北京城是世界上水井最密集的城市，从元代开始，几乎每一条街及每一个巷子都有一两口公用的水井。据《京师坊巷志稿》统计，就城内而言，可以数出699个公共水井，加上城外的水井数目，将更为惊人，而且还有大量没有记录在志稿里的大户人家及庙宇内的私家水井，如果全部计算在内，料想光城内就能有1000个以上的水井。北京称小巷为"胡同"，"胡同"原是蒙古语水井之意。推想可知，元代建大都时就是将井编号来称呼小巷，经过几百年的演变，才逐渐用住户或机关名称称呼小巷和胡同，如史家胡同、东厂胡同等。许多胡同名称还保留与水井有关的字样，例如二眼井、三眼井、四眼井、小铜井、大甜水井、小甜水井等。

据说，最好的井是"十王府井"，即是王府井大街一名的来源，其次有丁家井、天师宫井以及大、小甜水井。由于地表渗入、天气情况、人为原因等，水井的水很容易被污染，保护井水的清洁也就成了百姓生活中最为关注的事情。中国自古有"千里井，不反唾"的俗语，反映了古人一种最朴素的环保意识。自家一口井，懂得保洁爱护，那是良好的卫生习惯；几家合用一井或大家共用一井，知道保洁爱护，则是中国人集体观念的展示；离家出行，还能爱护途中所遇水井，那就更见人品修养。

近代以前，在城市中没有自来水管道，水井成为百姓生活中最必不可少的日常生活工具。在生活的锤炼与结晶中，在与中国人的勤劳和智慧相融合的过程中，水井也具有了中国特色的文化意义。

## 水井与符号文化

伴随岁月的积淀，水井的文化意义远远超越了功能意义，成为一种因情景不同而文化意义不同的符号。

"井"最常见的符号意义即代表了家国故园，自古就有"背井离乡"、"乡井"之说。中国的传统观念视井为命根子，把"背井离乡"看成是人生一大苦事，中国古人安土重迁，具有很强的乡土文化情结。一口水井成了故乡家园的象征，他乡的一碗井水常常让人充满了离愁别绪，思念之情涌上心头。同时，水井本身又恰恰位于地上而深入地下，井口小，如果人在其中，所见井上之天也就小。这种特殊的空间视野便引申出"井"的又一重符号内涵，即坐井观天。这一意思的形成是源于刚刚提到的"水井作为家国故园的象征"的符号象征，集中体现了固定的生活区域对人思想的禁锢、束缚，阻碍着人们超越现状、开创更加美好的未来的脚步。"坐井观天"、"井底之蛙"等成语便由此而来。

北京故宫里有一口水井，名为"珍妃井"。传说是慈禧太后在杀害戊戌维新派志士后，对支持光绪变法的珍妃百般加害，并将其打入冷宫。1900年八国联军入侵北京，慈禧带着光绪逃离京城，走前命令太监把珍妃推入井中溺死。历史上关于珍妃的死因有不同说法，但这口使珍妃香消玉殒的井是的的确确存在的。

这也是"水井"符号最为凄惨的一层表达，"井"常常成为受欺凌的女性最后的归宿。走投无路时投井而死，在中国的历史文献与文学作品中俯拾皆是。

水井通往地下，而地下世界是无人知晓的、神秘的，因此井也就成为文学家借以虚构和想象的最好工具。特别是在中国的志怪小说中，井往往成了通往另一个世界的象征，据此产生了很多关于神仙和鬼怪的故事，如《搜神记》、《聊斋志异》、《西游记》等。正史当中也记录了不少关于井的怪异事情，表达了人们对未知世界的想象、对理想的永恒追求，井也因此被赋予了神性和魔性。

中国文化博大精深，水井作为一种文化符号的意义更是丰富多彩，在历史、哲学、文化等各个领域都有其特定的符号概念，在这里仅举几个例子以飨读者，也许这可以成为你探索的一个起点。下次当你走在一条古城街道上时，也许在破败的庭院，也许在寻常的巷陌，有一口尘封多年的古井，在它背后，肯定承载着一段古城的历史与文化，等待着你来开启。

（选自《百科知识》2010年8期，作者刘扬，有改动。）

## 注释

1. 志怪小说：志怪，就是记录怪异。志怪小说主要指中国魏晋时代产生的一种以记述神仙鬼怪为内容的小说，也可包括汉代的同类作品，与当时社会玄学风气以及佛教的传播有直接的关系，是中国古典小说形式之一。

2. 《搜神记》：东晋史学家干宝所著，是一部记录中国古代民间传说及神灵怪异故事的小说集，大多篇幅短小，设想奇幻，浪漫色彩浓郁，对后世影响深远。

3. 《聊斋志异》：中国清代小说家蒲松龄创作的文言短篇小说集。全书近五百篇，内容丰富，多数为爱情故事，简称《聊斋》。

## 生词语

| | | | | | |
|---|---|---|---|---|---|
| 1. | 不可或缺 | bùkě-huòquē | | 不能有所短缺。 | |
| 2. | 依赖 | yīlài | 动 | 依靠。 | 二 |
| 3. | 聚落 | jùluò | 名 | 人聚集生活的地方，村落。 | |
| 4. | 格局 | géjú | 名 | 结构和格式。 | 三 |
| 5. | 延伸 | yánshēn | 动 | 延长，伸展。 | 二 |
| 6. | 毫无顾忌 | háowú-gùjì | | 一点也不顾虑和忧愁。 | |
| 7. | 其乐融融 | qílè-róngróng | | 和睦快乐的样子。 | |
| 8. | 有滋有味 | yǒuzī-yǒuwèi | | 有滋味，有乐趣。 | |
| 9. | 吆喝 | yāohe | 动 | 大声喊叫（多指叫卖东西等）。 | |
| 10. | 悠闲 | yōuxián | 形 | 闲适自得。 | 三 |
| 11. | 安逸 | ānyì | 形 | 安闲舒适。 | 三 |

| 12. | 善举 | shànjǔ | 名 | 慈善的事情。 | |
| 13. | 饮水思源 | yǐnshuǐ-sīyuán | | 喝水的时候，想到水的来源，比喻人在幸福的时候不忘幸福的来源。 | |
| 14. | 乐此不疲 | lècǐ-bùpí | | 因喜欢做某事而不知疲倦。形容对某事特别爱好而沉浸其中。 | |
| 15. | 造就 | zàojiù | 动 | 培养，使有成就。 | 三 |
| 16. | 偌大 | ruòdà | 形 | 这么大，那么大。 | |
| 17. | 出土 | chūtǔ | 动 | 古器物等被从地下发掘出来。 | 三 |
| 18. | 料想 | liàoxiǎng | 动 | 猜测。 | |
| 19. | 俗语 | súyǔ | 名 | 俗话，通俗并广泛流行的定型的语言。 | F |
| 20. | 锤炼 | chuíliàn | 动 | 磨炼。 | |
| 21. | 结晶 | jiéjīng | 名 | 比喻珍贵的成果。 | 三 |
| 22. | 积淀 | jīdiàn | 动 | 积累沉淀。 | F |
| 23. | 背井离乡 | bèijǐng-líxiāng | | 离开了故乡，在外地生活（多指不得已的）。也说"离乡背井"。 | |
| 24. | 安土重迁 | āntǔ-zhòngqiān | | 留恋故土，不肯轻易迁移。 | |
| 25. | 离愁别绪 | líchóu-biéxù | | 离别的愁苦心情。也说"离情别绪"。 | |
| 26. | 内涵 | nèihán | 名 | 概念的内容。 | 三 |
| 27. | 坐井观天 | zuòjǐng-guāntiān | | 比喻眼光狭小，看到的有限。 | |

| 28. | 禁锢 | jìngù | 动 | 束缚，强力限制。 | |
| 29. | 束缚 | shùfù | 动 | 使受到限制；使停留在狭窄范围内。 | 三 |
| 30. | 井底之蛙 | jǐngdǐzhīwā | | 井底的青蛙只能看到井口那么大的一块天，比喻见识狭小的人。 | |
| 31. | 香消玉殒 | xiāngxiāo-yùyǔn | | 比喻女子夭亡。 | |
| 32. | 凄惨 | qīcǎn | 形 | 凄凉悲惨。 | |
| 33. | 欺凌 | qīlíng | 动 | 欺负凌辱。 | |
| 34. | 归宿 | guīsù | 名 | 人或事物最终的着落。 | F |
| 35. | 走投无路 | zǒutóu-wúlù | | 无路可走，比喻处境极端困难，找不到出路。 | F |
| 36. | 俯拾皆是 | fǔshí-jiēshì | | 只要弯下身子拣，到处都是。形容地上的某一类东西、要找的某一类例证、文章中的错别字等很多。 | |
| 37. | 虚构 | xūgòu | 动 | 凭想象造出来。 | F |
| 38. | 赋予 | fùyǔ | 动 | 交给（重大任务、使命等）。 | 三 |
| 39. | 博大精深 | bódà-jīngshēn | | （思想、学说）广博高深。 | |
| 40. | 特定 | tèdìng | 形 | 特别指定的；某一个（人、时期、地方等）。 | 二 |
| 41. | 飨 | xiǎng | 动 | 用酒食款待人，泛指请人享受。 | |
| 42. | 承载 | chéngzài | 动 | 托着物体，承受它的重量。 | 三 |

**专有名词**

| | | |
|---|---|---|
| 1. 宣武门 | Xuānwǔ Mén | 北京地名。 |
| 2. 西便门 | Xībiàn Mén | 北京地名。 |
| 3. 大都 | Dàdū | 元代称"大都",即现在的北京。 |
| 4. 戊戌变法 | Wùxū Biànfǎ | 指1898年(农历戊戌年)以康有为为首的改良主义者通过光绪皇帝进行的资产阶级政治改革,也叫戊戌维新。 |

 语言点

## 一、除了……以外

★ 古时候,除了祠堂、宗庙等礼制建筑以外,人们其他的公共活动如休闲娱乐、集会买卖等都会在水井边进行……

◆ 说明:"除了"是介词,表示不计算在内。跟名词、动词、形容词、小句组合,后面可加"外、以外、之外、而外"等。

**1. "除了"可用在主语前,有停顿**

(1) 除了南极洲以外,其余各大洲总面积约为一亿三千五百万平方公里。
(2) 除了稍小一点以外,这套房间还不错,我很满意。

**2. 排除特殊,强调一致,后面常用"都"、"全"等呼应**

(3) 现在是旅游旺季,除了这一间以外,所有的房间全住满了。
(4) 这屋里的人,除了你去过上海以外,我们都没去过。

### 3. 后面用"不"、"没有",强调唯一的事物或动作

(5) 除了这次特快以外,没有其他从北京直达重庆的客车。

(6) 我晚上除了自学外语以外,不做别的事。

### 4. 排除已知,补充其他,后面常用"还"、"也"等呼应

(7) 新型油轮除了航速加快以外,载重量也有所增加。

(8) 今天我要办两件事,除了到车站托运行李以外,我还想顺路去看看老赵。

## 二、毫无

★ 妇女在井边洗衣、洗菜、淘米,说东家、道西家,毫无顾忌聊个不停……

◆ 说明:表示"一点儿也没有",后边常接双音节名词。

(1) 为大家办事,再艰苦他也毫无意见,真是我们班的"活雷锋"。

(2) 他每天都努力工作,看上去不仅毫无倦意,而且显得朝气蓬勃。

(3) 毫无疑问,研究若干重要时代或地域的典型字体,对于了解汉字的演变是十分重要的。

(4) 无需求是指目标市场对产品毫无兴趣或漠不关心的一种需求状况。

## 三、光

★ 如果全部计算在内,料想光城内就能有1000个以上的水井。

◆ 说明:副词。限定范围,有"只、单"的意思。多用于口语。

### 1. 光＋动词或形容词

(1) 我们一定要谦虚,不能光看到成绩,看不见缺点。

(2) 产品光好看不行,还得质量好。

### 2. 光＋名词

(3) 光我们班,报名参加冬季长跑锻炼的就有几十人。

(4) 光小麦的产量，我们村就达到去年全年的粮食总产量。

(5) 这一上午运土工作就基本完成了，光他们俩，就抬了八十筐土。

**3.** 有"老是、总是"的意思，表示动作行为经常出现，多用于口语

(6) 别光说空话，也得干点实事儿。

(7) 他很热心公益，有事光拣重活干。

## 四、视……为……

★ 中国的传统观念视井为命根子，……

◆ 说明："视"是"看"的意思，"为"是"作为"的意思，"视……为"是"把……看作是……"或"把……看成是……"的意思。

（1）三千多年前，中国人视凤鸟为图腾或守护神，正因如此，商周时期的青铜器上曾大量装饰凤鸟纹。

（2）这种罕见的"金桦果"，风味独特，名字动听，故巴西人视之为"国宝"之一，奉为"幸福、吉祥、精神"的象征。

## 五、以

★ 在这里仅举几个例子以飨读者。

◆ 说明：连词。有"用来、以便"的意思，表示目的。

（1）任务紧急，我们只能早起晚睡，以争取时间，提前交货。

（2）车间已经采取了切实可行的措施，以保证生产任务顺利完成。

## 一、把成语补充完整

不可或（　　）　　饮水思（　　）　　有滋有（　　）

坐井观（　　）　　井底之（　　）　　安土重（　　）

乐此不（　　）　　俯拾皆（　　）　　其乐（　　）

## 二、根据解释填上合适的成语

1. （思想、学说）广博高深。　　　　　　　　　　　（　　　）

2. 无路可走，比喻处境极端困难，找不到出路。　　（　　　）

3. 井底的青蛙只能看到井口那么大的一块天，比喻见识狭小的人。

　　　　　　　　　　　　　　　　　　　　　　　　（　　　）

4. 喝水的时候，想到水的来源，比喻人在幸福的时候不忘幸福的来源。

　　　　　　　　　　　　　　　　　　　　　　　　（　　　）

5. 一点也不顾虑和忧愁。　　　　　　　　　　　　　（　　　）

## 三、给动词填上合适的宾语

虚构_____　　束缚_____　　禁锢_____　　赋予_____

欺凌_____　　拯救_____　　承载_____　　依赖_____

## 四、填上合适的近义词

悠闲_____　　欺负_____　　汲取_____　　称赞_____

束缚_____　　悲惨_____　　依靠_____　　锤炼_____

## 五、根据解释填上合适的词语

1. 搁置已久，被尘土覆盖。　　　　　　　　　　　　（　　　）

2. 交给（重大任务、使命等）。　　　　　　　　　　（　　　）

3. 大声喊叫（多指叫卖东西等）。　　　　　　　　　（　　　）

4. 人或事物最终的着落。　　　　　　　　　　　　　（　　　）

## 六、用指定的词语或形式完成句子

1. _____，这套房间还不错，我很满意。（除了……以外）

2. 现在是旅游旺季，_____，所有房间都住满了。

　　（除了……以外）

3. 我们一定要谦虚，_____，看不到缺点。（光）

4. 他每天都努力工作，_____，而且显得朝气蓬勃。（毫无……）

5. 时间紧急，我们只能起早贪黑，_____。（以）

## 七、解释画线部分的意思

1. 邻里相聚井边，妇女在井边洗衣、洗菜、淘米，<u>说东家、道西家</u>，毫无顾忌聊个不停。
_____
_____

2. 中国自古有<u>"千里井，不反唾"</u>的俗语，反映了古人一种最朴素的环保意识。
_____
_____

3. <u>饮水思源、吃水不忘凿井人</u>便是百姓对这种善举的最好称赞。
_____
_____

## 八、根据课文内容填空

水井对于百姓生活来说意义重大，修造水井成为百姓心目中的一大（　　）。（　　）、吃水不忘凿井人（　　）是百姓对这种善举的最好称赞。（　　），修井成为有志于流芳后世的人们（　　）的一件事，也（　　）出了街头巷尾大大小小的各式各样的水井景观。

## 九、排列正确顺序

1. A　还聘请专家前来讲课指导
   B　学校军乐团一周有两次合练

  C 同学们视之为不可多得的学习机会

  D 几乎从不缺席

  (      )

2. A 因此，修井成为有志于流芳后世的人们乐此不疲的一件事

  B 也造就出了街头巷尾大大小小的各式各样的水井景观

  C 饮水思源、吃水不忘凿井人便是百姓对这种善举的最好称赞

  D 水井对于百姓生活来说意义重大，修造水井成为百姓心目中的一大善举

  (      )

3. A 还需要教育全面、健康、可持续发展

  B 除了要求教育协调发展之外

  C 在教育领域树立和落实科学发展观

  D 特别是各级各类教育协调发展有着内在联系

  E 而这些又均与教育的协调发展

  (      )

4. A 但是对于一个不想挪动半步的人来说

  B 指南就会是毫无价值的东西

  C 也许没有一样东西比指南更加重要了

  D 对于跋涉者或航海者来说

  (      )

## 十、交际训练

  你了解自己的出生地或者现在居住城市的历史吗？请查阅相关历史资料并做简明介绍。也可以介绍你去过的中国的某个地方。

# 第五课 蓝色萝卜

## 热身

1. 你的第一件手工作品是什么？父母第一次见到它时是怎样的表情呢？

2. 父母有没有因工作忙而忘记已答应你的事？如果出现这样的事你会怎么想，怎么做？

## 课文

有一天，我到商场的玩具柜台，为朋友的孩子过生日准备一份礼物，因总是拿不定主意，挑来选去地很费时间，便听到了如下一番谈话。

一位老妇人，在卖橡皮泥的柜台，转了好几个圈，神色有几分茫然。嘴里小声嘟囔着，哟，这才几年不见，橡皮泥已经变得这样豪华了，好的要上百块钱一套了，记得早先，几毛钱就能买一盒，什么颜色都有的……

正值中午，买东西的人不多，女售货员挺清闲的，就同顾客聊开了天儿。

哎，我说这位大姐，您那是什么时候的事了？几毛钱一盒？少说也是三十年前的事了。那会儿的东西糙着呢，再说也不是啥色的都有，才十二色，哪如现在的橡皮泥，三十六色，花哨着呢，单说红吧，就有粉红、金红、大红、桃红……细致得很。还附带模型，您是想要麦当劳的食品型，还是白垩纪的恐龙型？您叫孙子把橡皮泥往模型里这么一按，再一搕出来，就什么都好了，跟真的一模一样。

那老妇人流露出不好意思的神态，说，我不是给孙子买的，是给儿子买的。

售货员马上接着话茬儿说，看您这年纪，儿子怕也有小三十了吧？您还这么惦记着他，真是个好妈妈啊！

老妇人点点头说，是啊，他大学毕业，已经工作多年了。她边说，边拿起售货员递来的样品，很仔细地端详后，把附有模型的橡皮泥向柜台里面推了推说，我不要这种千篇一律的东西，要那种自己可以随心所欲地发挥创造性的橡皮泥。

售货员热情而久经世故的脸上出现了几丝迷茫，我也听得起了好奇之心，用余光打量起老人。

她衣着很普通，第一印象，几乎要把她归入街道家庭妇女范畴。但这结尾的话，让人得修改初衷，确认她是受过良好文化熏陶的知识女性。想来那儿子，也已是成年的知识分子了。那么，这玩具的意义何在呢？

售货员不愧见多识广，在短暂的愕然之后，很快就出现成竹在胸的神色，缩窄了喉咙，同情地说，哦，我明白了。您的儿子精神上……是不是有点……那个……我接待过那样的顾客，是安定医院的大夫。也是不要带模型的橡皮泥，因为对病人的思维和手的活动帮助不大。简装的橡皮泥，反倒实用。病人们可以像孩子一样瞎捏，尽情地发挥想象力。听说从他们捏的玩意儿里，还能推算出病情好坏呢……

售货员嘴快手也快，把带有麦当劳和恐龙图案的大盒橡皮泥，麻利地收起来，递过一种色彩艳丽的简装橡皮泥。

老妇人很感激地看着售货员，轻声道着谢，然后细查新品种的成色。

售货员充满同情地叹了一口气。老人露出不很中意的样子说，基本还可以吧，只是有没有更多一些的呢？

售货员很遗憾地说，这种橡皮泥的颜色，已经是最丰富的。你这么大岁数了，家里还有病人，差不多就得了，别累坏了自个儿。

老人急忙解释，我不是嫌这橡皮泥的颜色少，是嫌它的分量少。售货员恍然大悟道，是这样啊，那我们还有大桶装的，都是专给幼儿园团体购买预备的，够一个班小朋友捏着玩了。没想到你儿子一个人能用了这么多，说着，她从柜台角落拖出一个铁皮桶，看起来分量不轻。

老妇人再次察看，脸上终于露出满意的笑容，说，谢谢你啦。我儿子个子很高，手也很大，手指也粗，那些专为娃娃预备的橡皮泥，对他来讲，太精巧了些。这种正合适。

老妇人交了费，把售货员为她精心捆好的橡皮泥桶抱着，预备离去。售货员向她扬扬手说，您老多保重吧。看得出，您那么爱自己的儿子，他得了这样的病，您一定特难过。

老妇人开心地笑了，露出一口极为洁白的牙齿。虽然按她的岁数推算，这是假牙，但仍让人感到她按捺不住的快乐。她说，谢谢你的关心。不过我的儿子并没有什么病，他很好，很健康，是个很棒的电脑工程师。

目瞪口呆的不仅是那位热心的售货员，还有在一旁偷听的我。谜团没有揭开，越结越死。

老妇人说，事情是这样的——

我儿子小的时候，手很巧。我给他买回各种各样的玩具，让他开发智力。有一次，我买了橡皮泥，就是你说的那种老掉牙的——只有十二色的一小盒。他用它们捏小鸭子、小轮船，活灵活现的。有一天，他捏了一个大萝卜，就是童话剧里，小兔子和小花狗团结拔起来的那种萝卜。圆圆的，大大的，红红的，上面还长着翠绿的缨子。我喜欢极了，还有骄傲和自豪。我把这个萝卜小心地带到单位，让同事们看。大家都说这不是那么小的孩子能捏出来的，没准是哪个工艺师随手的作品。我听了以后，心中

第五课　蓝色萝卜

甜似蜜呀。回到家后，儿子跟我要那个萝卜。我说，干吗呀？他毫不在意地说，把它毁了，重捏啊。红色的归到剩下的红泥堆里，绿的归绿的，我很可惜地说，那不就没了吗？他睁大天真的眼睛说，可那些橡皮泥还在啊，我还可以捏别的呀。我说，不成。过几天，就是"六一"儿童节，单位里要是组织展览，这个萝卜就是最好的展品，我要留作纪念。

儿子很听话，不再要回他捏的萝卜了。过了一段日子，他悄悄问，你们单位开过展览会了吗？我说，今年没开。你问这个干什么？他说，我想要回那个萝卜，让它回到我那一堆各色的橡皮泥里，这样，我就可以捏其他的东西了。我不耐烦地说，这个萝卜我还想留着呢。你该捏什么就捏吧。儿子又怯生生地说，妈妈，你能不能再给我买一盒新的橡皮泥呢？我说，为什么？原来那盒不是挺好的吗？儿子说，那个萝卜走了，它的颜色就不全了。我敷衍地说，好吧，哪天我得空了，就给你买。那阵子，我一直很忙。更主要的是不把孩子的请求当回事，总是忘。孩子问过几次，我心里烦，就说，你想捏什么就捏什么好了，颜色有什么要紧的？大模样像了就成。我儿子很乖，从此，他再也不提橡皮泥的事情了。

大约半年后的一天，我下班回家，在桌子上看到了儿子用橡皮泥捏的新作品。我不知是不是他特地摆在那儿的——一只胡萝卜，身体是蓝色的，叶子是黑色的。

我当时应该警醒的，可惜忙于工作，不愿分心，就装作什么也没有看到。从此，儿子再不捏橡皮泥了。我也渐渐把这件事淡忘。直到他长大成人，几十年当中，我们都从未有一次再提及橡皮泥这个词。

前几天搬家，从旧物中滚出一个铁蛋似的东西，我捡起一看，原来是那个蓝色的萝卜。谁也不知道它是怎样被保存下来的。我把它放在手心，还感到儿子当年的无奈。我从中听到了强烈的抗议和热切的渴望。我想赎回我当年的粗暴和虚荣，想完成我曾经答应过的承诺……

她说到这里，头深深地埋下了，花白的头发像一帘幕布，遮住了她的眼睛。

老妇人抱着橡皮泥桶，缓缓地走了。我也随之选定了一件礼物，离开

高级汉语精读教程

了商场。我决定,在送给小朋友生日礼物的同时,送给他的妈妈一个故事。

只听得售货员在后面喃喃低语,谁知她的儿子还记得这回事不?会原谅他妈妈吗?

(选自毕淑敏《爱怕什么》,华夏出版社 2000 年 8 月第 1 版,有改动。)

## 注释

1. 白垩纪：地质年代中中生代的最后一个纪，也是恐龙种类达到极盛的时期。
2. 缨子：系在衣帽或器物上的穗状饰品，也指像缨子的东西，比如"萝卜缨子"。

## 生词语

| | | | | | |
|---|---|---|---|---|---|
| 1. | 拿主意 | ná zhǔ·yi | | 决定处理事情的方法和对策。 | |
| 2. | 番 | fān | 量 | 表示物量、动量、倍数。 | 二 |
| 3. | 茫然 | mángrán | 形 | 完全不知道的样子；失意的样子。 | 三 |
| 4. | 嘟囔 | dūnang | 动 | 含混不清地不断低声自语。 | |
| 5. | 豪华 | háohuá | 形 | 铺张，奢侈；（建筑、设备、装饰等）富丽堂皇。 | 三 |
| 6. | 糙 | cāo | 形 | 粗糙，不细致。 | |
| 7. | 花哨 | huāshao | 形 | 色彩艳丽；变化大；样式多。常用于口语。 | |
| 8. | 细致 | xìzhì | 形 | 细腻精致。 | 二 |
| 9. | 搕 | kē | 动 | 把东西向别的物体上碰，使附着的东西掉下来。 | |

| 10. | 一模一样 | yīmú-yīyàng | | 形容完全相同，没有什么两样。 | 二 |
| 11. | 流露 | liúlù | 动 | （意思、感情）不自觉地或含蓄地表现出来。 | 三 |
| 12. | 尴尬 | gāngà | 形 | 处境困难或事情棘手，难以处理；神态不自然；难为情。 | F |
| 13. | 话茬儿 | huàchár | 名 | 话头，谈话的头绪；口风，口气。常用于口语。 | |
| 14. | 惦记 | diànjì | 动 | （对人或事物）心里老想着，放不下心。 | 三 |
| 15. | 端详 | duānxiáng | 动 | 仔细观察。 | |
| 16. | 千篇一律 | qiānpiān-yīlǜ | | 很多篇文章都是一个样子。泛指事物形式单调，毫无变化。 | |
| 17. | 随心所欲 | suíxīnsuǒyù | | 指随着自己的心意，想怎样就怎样。 | F |
| 18. | 发挥 | fāhuī | 动 | 把潜能充分表现出来；把想法和道理充分表达出来；在原有基础上有所发展。 | |
| 19. | 久经世故 | jiǔjīng-shìgù | | 经历过很多事情，有丰富的处世经验。 | |
| 20. | 迷茫 | mímáng | 形 | 广阔而看不清的样子；（神情）迷离恍惚。 | |
| 21. | 范畴 | fànchóu | 名 | 人的思维对客观事物的普遍本质的概括和反映；类型，范围。 | 三 |

| 22. | 初衷 | chūzhōng | 名 | 最初的心愿。 | 三 |
| 23. | 熏陶 | xūntáo | 动 | 人的思想、行为、爱好、习惯等逐渐受到影响（多指积极健康的）。 | 三 |
| 24. | 不愧 | bùkuì | 动 | 当得起。 | |
| 25. | 愕然 | è'rán | 形 | 形容惊讶发呆的样子。 | |
| 26. | 成竹在胸 | chéngzhú-zàixiōng | | 画竹子时心里有一幅竹子的形象。比喻做事之前已经有通盘的考虑。也说胸有成竹。 | |
| 27. | 反倒 | fǎndào | 副 | 相反，反而。 | 三 |
| 28. | 瞎 | xiā | 副 | 没有根据地、没有来由地、没有效果地。 | 三 |
| 29. | 玩意儿 | wányìr | 名 | 玩具；赏玩的东西。（口） | F |
| 30. | 推算 | tuīsuàn | 动 | 据已知数据算出未知数据。 | 三 |
| 31. | 麻利 | málì | 形 | 敏捷；利索。 | |
| 32. | 恍然大悟 | huǎngrándàwù | | 突然间一切都明白了。 | F |
| 33. | 精巧 | jīngqiǎo | 形 | 精细巧妙。 | |
| 34. | 按捺 | ànnà | 动 | 克制，抑制。 | |
| 35. | 目瞪口呆 | mùdèng-kǒudāi | | 形容因吃惊或害怕而发愣的样子。 | F |
| 36. | 谜团 | mítuán | 名 | 比喻像一团乱麻一样无法解开、让人捉摸不定的事情。 | F |

| 37. | 老掉牙 | lǎodiàoyá | 形 | 形容事物、言论等陈旧过时。多用于口语。 | |
| 38. | 活灵活现 | huólíng-huóxiàn | | 形容描述或模仿的人或事物生动逼真。也说活龙活现。 | |
| 39. | 毫不 | háobù | | 一点儿也不。 | 三 |
| 40. | 怯生生 | qièshēngshēng | 形 | 形容胆怯或害羞的样子。 | |
| 41. | 敷衍 | fūyǎn | 动 | 做事不负责或待人不恳切，只做表面上的应付。 | |
| 42. | 警醒 | jǐngxǐng | 动 | 警戒醒悟。 | |
| 43. | 从未 | cóngwèi | 副 | 从来没有，多用于书面语。 | 三 |
| 44. | 赎 | shú | 动 | 用财物把抵押品换回；抵消；弥补（罪过）。 | F |
| 45. | 粗暴 | cūbào | 形 | 鲁莽，暴躁。 | 三 |
| 46. | 虚荣 | xūróng | 形 | 表面上的荣耀和光彩。 | |
| 47. | 承诺 | chéngnuò | 动/名 | 答应照办某事；对办某事做出的应允。 | 二 |
| 48. | 喃喃 | nánnán | 拟声 | 连续不断地小声说话的声音。 | |

## 一、挑来选去

★ 因总是拿不定主意，挑来选去地很费时间，便听到了如下一番谈话。

◆ 说明:"V₁来V₂去",意思是动作反复进行或交替进行。例如"走来走去、跑来跑去"表示反复地"走"与"跑";"推来挡去、出来进去"表示"推"与"挡"、"出"与"进"交替反复进行。这种格式具有生动化的作用。

(1) 只要我的爱人是一条小鱼,在我的浪花中,快乐地游来游去。
(2) 南边中间是这个小杂院的大门,又低又窄,出来进去总得低头。
(3) 下午咖啡喝多了,结果晚上翻来覆去地睡不着。

## 二、番

★ 因总是拿不定主意,挑来选去地很费时间,便听到了如下一番谈话。

◆ 说明:量词。

**1.** 表示名量,"种、片、席"等意思,用于心思、言语、景象和过程等词语;常与数词"一、几"搭配使用,构成数量短语,做定语

(1) 老王的一番话使我明白了许多道理。
(2) 那是他的一番好意啊!
(3) 孩子们经历了几番风雨,已经成熟多了。

**2.** 表示动量,相当于"遍、回",用于费时较多、用力较大或过程较长的动作,常构成数量短语"一番",作补语。固定说法是"三番五次、几次三番"

(4) 他思考了一番,终于同意了。

**3.** 用在动词"翻"后,表示倍数

(5) 今年我们商场的营业额比去年翻了两番。

## 三、着呢

★ 那会儿的东西糙着呢,再说也不是啥色的都有,才十二色,哪如现在的橡皮泥,三十六色,花哨着呢,单说红吧,就有粉红、金红、大红、桃红……细致得很。

◆ 说明:"着呢",语气词,常用于口语,带有夸张的意味。

**1. 用于动词后，表示动作的持续，动词前可加"正、还"**

（1）他正跑着呢。

（2）她在教室里坐着呢。

（3）服务员正在外边等着呢。

**2. 用于形容词后，用于表示性状，语义程度深**

（4）咱身子骨硬朗着呢，到城里享清福，会闲出病来的。

（5）这件衣服的样式时髦着呢。

（6）他的汉语水平高着呢。

## 四、反倒

★ 简装的橡皮泥，反倒实用。

◆ 说明：副词，用在句子的后半部分或后一个分句，表示跟上文意思相反或出乎预料和常情。

（1）立春过后，气温反倒比前几天低了。

（2）让他走慢点儿，他反倒加快了脚步。

（3）好心帮助他，反倒落下了许多埋怨。

⊙ **词语辨析：反倒、反而**

二者都是副词，都表示跟上文意思相反，或出乎意料和常情。区别主要在于语体色彩不同："反而"兼用于书面语和口语，而"反倒"多用于口语。

## 五、毫不

★ 他毫不在意地说，把它毁了，重捏啊。

◆ 说明："毫不"，一点也不。后面一般是双音节动词或形容词。

（1）填报考志愿时，他毫不犹豫地选择了经济学专业。

（2）我听不出口琴吹奏的是什么，既非古典曲，又非乡村音乐，跟我所熟悉的音乐毫不相同。

> ⊙ **词语辨析：毫不、毫无**
>
> "毫无"，"一点也没有"的意思。与"毫不"相同之处为二者都强调否定，而且都不能单独使用，后边总是会接双音节或多音节词语。不同之处在于，"毫不"后面接的是动词或者形容词，而"毫无"后边接的是名词或动名词，如毫无疑问、毫无兴趣、毫无关系、毫无道理、毫无把握、毫无关系、毫无同情心。
>
> （1）他平时总是逃课，考试不及格毫不奇怪。
>
> *（2）他平时总是逃课，考试不及格毫无奇怪。

## 六、从未

★ 直到他长大成人，几十年当中，我们都从未有一次再提及橡皮泥这个词。

◆ 说明：副词，"从来没有"的意思，多用于书面语。

（1）来中国以前，他从未学过汉语。

（2）在北京很多年了，可是小王却从未去过故宫。

> ⊙ **词语辨析：从未、从不**
>
> "从未"和"从不"都是副词，多用在否定句中，作状语。但是"从未"否定说话以前的动作和情况，常与"过"搭配使用；而"从不"表示对意愿的否定，除了否定说话以前的动作和情况以外，还可以否定说话时的动作和情况。
>
> （1）他从不干这种事。（从过去到现在都不干，不想干，不愿干）
>
> （2）他从未干过这种事。（从过去到现在没有干过）
>
> （3）我从未听他说过这件事。
>
> *（4）我从不听他说过这件事。

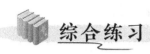

## 综合练习

### 一、填上合适的中心语

花哨的_____　　细致的_____　　麻利的_____

尘封的_____　　老掉牙的_____　　清闲的_____

尴尬的_____　　茫然的_____　　豪华的_____

### 二、填上合适的宾语

赎_____　　捏_____　　推算_____

敷衍_____　　搐_____　　捆_____

流露_____　　发挥_____　　接待_____

### 三、熟读下列短语或词语，并选择合适的填空

挑来挑去　　跑来跑去　　走来走去　　吵来吵去

收起来　　抱起来　　捏出来　　画出来

花哨着呢　　清静着呢　　幸福着呢

怯生生　　绿油油　　喜洋洋

毫不在意　　毫不理睬　　毫不犹豫　　毫无把握

聊开了天　　吃开了　　喝开了

1. 她的举止就像她的声音，轻轻的，悄悄的，（　　）的，生怕惊动了别人。

2. 小屋的周围是一个很小的湖，在茂盛的树木环抱下，（　　）。

3. 我俩养了一只可爱的小狗，小狗总是在我俩之间（　　），逗人欢喜。

4. 爸爸高兴地把孩子（　　），使劲儿亲了亲。

5. 这次考试太难了，能不能及格他真的（　　）。

6. 孩子们急于知道父母的想法，于是一家人在饭桌上就（　　）。

## 四、看拼音写汉字，并根据解释选择合适的成语

久（jīng　）世故　　　见多（shí　）广　　　活（líng　）活现

（huǎng　）然大悟　　千篇一（lù　）　　　成竹在（xiōng　）

1. 泛指事物形式单调，毫无变化。　　　　_____
2. 突然间一切都明白了。　　　　　　　　_____
3. 见过的多，知道的广。　　　　　　　　_____
4. 比喻做事之前已经有通盘的考虑。　　　_____
5. 形容描述或模仿的人或事物生动逼真。　_____

## 五、选择合适的词语填空

敷衍　　毫不在意　　喃喃　　忙于　　从未　　尴尬

1. 最近太忙了，哪里有时间给儿子去买新的橡皮泥，我只好（　　）他说，好，我有空就去给你买。
2. 售货员并不因说错了话而（　　），而是接着话茬儿继续问老人。
3. 妈妈整天（　　）工作，哪里有时间陪孩子玩？
4. 一位70多岁的老人走出人群，望着横幅，（　　）自语地说："50年了，整整50年了……"
5. 试图做前人没做过的事情很有意思，就像去自己（　　）去过的地方探险。
6. 虽然主人（　　），但小李却为自己的大意深表不安，连连向主人道歉。

## 六、填上合适的近义词

茫然_____　　　特地_____　　　精巧_____

警醒_____　　　细致_____　　　愕然_____

## 七、填上合适的量词

一（　　）礼物　　　一（　　）迷茫　　　一（　　）谈话

一（　　）橡皮泥　　一（　　）幕布　　　一（　　）胡萝卜

## 八、用指定的词语完成句子

1. A：和上次比赛相比，他这次少了忐忑，多了坦然。
   B：_____。（成竹在胸）

2. A：听说这次来应聘的有4000多人。
   B：_____。（挑来选去）

3. A：他是不是对报考哪所大学犹豫不决？
   B：_____。（毫不）

4. A：越来越多的年轻人和父母的沟通越来越少，你觉得是什么原因？
   B：_____。（忙于）

5. A：假期要到了，你有什么计划吗？
   B：_____。（从未）

6. A：天气这么冷，还有人逛街吗？
   B：_____。（反倒）

7. A：他参加过无数次的棒球比赛，一次也没输过吗？
   B：_____。（从未）

## 九、排列正确顺序

1. A　再一搕出来
   B　就什么都好了
   C　您叫孙子把橡皮泥往模型里这么一按
   D　跟真的一模一样
   （　　　　　　　　）

2. A　就装作什么也没有看到
   B　我当时应该警醒的

    C 从此，儿子再不捏橡皮泥了
    D 可惜忙于工作，不愿分心
    （            ）

3. A 售货员嘴快手也快
   B 顺便充满同情地叹了一口气
   C 递过一种色彩艳丽的简装橡皮泥
   D 把带有麦当劳和恐龙图案的大盒橡皮泥，麻利地收起来
   （            ）

4. A 反倒能打出好成绩
   B 期望值越低
   C 到正式比赛时反而越打不好
   D 期望值越高，压力就越大
   （            ）

5. A 他也不会给你开门的
   B 你就是把他的门敲坏了
   C 懒得理人
   D 他今天心情不好
   （            ）

## 十、交际训练

1. 根据课文内容，猜想一下妈妈把橡皮泥送给儿子的时候，儿子会是怎样的表情和心理？会原谅妈妈吗？依据自己的想象，给文章补上结尾。

2. 请你用儿子的口气，写一篇日记，主要描写儿子在妈妈送给他橡皮泥之后的心理变化。

# 第六课　走在哈尔滨中央大街上

 **热身**

1. 你到过中国的哈尔滨吗？有没有见过冰雕和冰灯？
2. 你都去过中国哪些地方？最喜欢哪里？为什么？
3. 给大家分享一下你家乡的美景吧！

 **课文**

"没有到过中央大街，就不能说来过哈尔滨"。这是中外游客对中央大街的评价，作为一个地道的哈尔滨人，我深以为然。

1997年，中央大街成为中国第一条商业步行街，在国内声名鹊起；2009年，它又从200余条名街中脱颖而出，成为首批10条"中国历史文化名街"之一。中央大街是这座城市的荣耀，是历史的承载者。

### 百年建筑博物馆

中央大街始建于1898年，因为有数千名中国筑路劳工在这一带落脚儿，所以这里最初被称为"中国大街"。但"中国大街"一直名不副实，从建筑到商埠都是外国人所建，甚至街上的行人大部分也都是外国人。这是因为日俄战争期间大批俄国人涌入哈尔滨，在"中国大街"开设银行、商店、舞厅、酒吧、餐馆……一时间，来自世界各国的呢绒、毛皮、药品、罐头、钟表等各式商品云集于此，这里成了远东极具人气的商业名街。1925年，中国政府收回了哈尔滨的市政权，1928年，"中国大街"改称"中央大街"。

中央大街最具特色的就是整条街由方石铺成。工程始于1924年，由俄国工程师设计并监工。铺路用的方石块每块长18厘米、宽10厘米，由于方石大小形状极似俄式面包，又称"面包石"。这种面包石不仅精巧密实，而且光亮圆润，在中外道路史上极为罕有。据说，当时的一块面包石价钱相当于一块银元。87万块方石铺满足有1千米长的大街，可谓是步步黄金。

行走在这条昂贵的大街上，也是徜徉在全国第一个开放式建筑艺术博物馆中。中央大街街区的建筑是博物馆中活着的展品，现有欧式、仿欧式建筑75栋，各类保护建筑36栋。欧洲15—16世纪的文艺复兴风格，17世纪的巴洛克风格，18世纪的折中主义风格和19世纪的新艺术运动风格等在西方建筑史上最具影响力的建筑流派均汇集在这条东方名街上。穿街而过，与300年西方建筑史擦肩，恐怕在这些建筑的故乡也难觅如此梦幻般的艺术之旅。

建于1917年的协和银行（后改建为妇女儿童商店），可谓中央大街上文艺复兴风格的代表作。建筑色彩为浅灰色，庄重素雅，二楼群窗口采用特殊的建筑结构，使窗口感觉更加宽阔。在清寒之地，既有利于防寒，也丰富了外墙的艺术效果。

中央大街最著名的马迭尔宾馆是新艺术运动风格的代表，1906年新艺术运动席卷欧洲时，它在中国诞生。宾馆的创始人约瑟·开斯普是俄籍犹太人，后来举家加入了法国籍，马迭尔宾馆室内设计也充满浓浓的法国情调，足见其对法国文化的热爱。马迭尔的建筑师是位俄国人，毕业于巴黎大学，在他看来，作为20世纪初的建筑，理应体现出时代精神，因而马迭尔建筑造型处处体现着"新艺术"的浪漫与想象力，建筑长度占据了西七至西八道街之间的一个街区，造型简洁、舒展、自由流畅。

## 马迭尔的忧伤与辉煌

马迭尔宾馆在哈尔滨家喻户晓，不仅因为其建筑美丽和服务周到，更是因为马迭尔背后跌宕起伏的历史传奇。马迭尔宾馆自诞生之日起，便与许多历史上的重要事件密切相关，它接待的是中外达官显贵、军政要人，也上演了一出出间谍暗探的潜伏好戏。然而，与马迭尔联系最紧密、最著名的一段历史却是一桩震惊世人的惨案——"西蒙·开斯普绑架案"。1932年日本人侵占哈尔滨之前，正是马迭尔最兴旺的时期，它的主人约瑟·开斯普是远东最大的珠宝商，日本人早就觊觎他的财产，老开斯普也意识到了这一点。他深知自己很可能会遭绑架，便精心制定了一套防范措施。然而，令他没有想到的是，日本人将魔爪伸向了他的小儿子西蒙·开斯普。毕业于巴黎音乐学院的西蒙，高大俊美，老开斯普对他十分溺爱。他对西蒙寄予厚望，不惜一切代价，在哈尔滨、上海和东京最上等的剧院为儿子安排演奏会。

然而悲剧瞬间就发生了，西蒙在一个深夜被匪徒绑架。匪徒割下他的双耳逼迫老开斯普尽快出钱。很快，西蒙被绑架的真相传到国外，所谓绑架实际上就是日本人雇佣的匪徒所为。绑架结果令人悲痛欲绝：老开斯普最终没有看到儿子生还，当警方找到西蒙的尸体时，已经是几个月以后了。尸体覆盖着泥土，在一个浅坑中露出四肢，景象十分悲惨。几个月的禁锢，严酷的私刑，使这个24岁的青年几乎只剩下一具骷髅。整个哈尔滨愤怒了，不单是犹太人、俄国人、中国人，甚至有些日本人，都在诅咒这罪行。哈尔滨出现了历史上最大规模的葬礼，几乎全部居民都涌上了街头，护送这个命运悲惨的年轻人到犹太墓场。几年之后，老开斯普也在法国抑郁而终。

岁月渐渐吹散了忧伤的往事，出入马迭尔的重要人物让这里迎来新的辉煌。如今，马迭尔宾馆被列为"新政协筹备活动旧址"免费对外开放，再现了60年前全国政协会议筹备活动在哈尔滨举行时的旧貌，并对宋庆龄、郭沫若等知名人士入住过的房间按原样重新进行了布置。

## 寻找俄罗斯的美味

说到哈尔滨的美食，一定少不了红肠、大列巴和正宗的俄式西餐。而这几样美味，从中央大街走过，便可一次尝遍，保证正宗。中央大街上有多处秋林食品专卖店，随处可以买到正宗的红肠和大列巴。大列巴是一种大如锅盖的面包，外硬内软，作为俄式西餐的主食，配菜食用，味道最佳。红肠原产于东欧的立陶宛，本世纪初，由俄国技师传入哈尔滨。红肠由优质猪肉，加入多种调料，经腌制、烤、煮、熏等欧式传统工艺制作而成，口味浓郁，有浓浓的蒜香。然而，目前这种具有传统欧式风味的红肠，已经在俄罗斯失传，一些年长的俄国人品尝了哈尔滨的红肠都啧啧称叹，久违的味道竟然保留在这座东方冰城里。

中央大街上与马迭尔宾馆齐名的老字号是华梅西餐厅。华梅西餐厅与北京马克西姆西餐厅、上海红房子西菜馆、天津起士林大饭店并称"中国四大西餐厅"。华梅西餐厅创建于1925年，主要经营茶食小吃，以质量高超的糖果、点心、冷饮最负盛名。据记载，这里的糖果师傅手艺超群，产品不仅在本市热销，甚至远销欧洲。如今的华梅西餐厅最著名的要数俄式大菜。黑色的纯燕麦烤面包和自腌的酸黄瓜，大马哈鱼子酱，喷香的罐羊肉、罐牛肉、罐虾，漂着一层乳白色奶皮的红菜汤，纯俄式咖啡，都是老哈尔滨人的最爱。西餐厅一楼是欧洲园林式酒吧风格，二楼是克里姆林宫风格，三楼是俄罗斯现代风格。华梅西餐厅装潢奢华、品质不俗，但菜品价位并不贵。在华梅西餐厅用餐，讲究的是气氛，虽说旧俄贵族早已没落，但来到这里，仍能找到一种古老优雅的感觉。

中央大街是哈尔滨最大的时尚舞台，爱美的姑娘最喜欢穿上新衣到中央大街感受回头率，边走边吃，边看身边的俊男美女，真正是秀色可餐。走累了，就到啤酒广场坐一坐，一杯啤酒，几片红肠，简单而快乐的朋友聚会随时在进行中。

　　我最爱华灯初上的中央大街。迷人的欧式建筑在灯光下呈现出如梦似幻的世界,哈尔滨人热爱音乐,橱窗中或铁艺阳台上常常有乐师演奏西洋乐曲,人群便驻足仰望,享受一小段音乐带来的宁静。

　　走在中央大街上,你可以找到关于哈尔滨的一切。各具特色的中央大街品牌活动,西餐节、狂欢节、婚庆节、服装节、街头文化节、新年倒计时……吸引着来自世界各地的宾朋。这条全年日均流量可达30万人次的亚洲最长步行街,以1450米的长度展现了这座城市的灵魂。踏着一块块光泽迷人的"面包石",回望两侧建筑,一如走进近代欧洲建筑博物馆,又好像记起近代历史的前尘往事,迎面而来的时尚男女令人欣喜欢乐,眼前的中央大街俨然是这座城市最炫的T型台。

　　行走在中央大街上,也走进了哈尔滨的灵魂深处。

　　　　　　（选自《百科知识》2010年9期,作者张小萌,有改动。）

## 注释

1. 文艺复兴：是指发生在欧洲（主要是意大利）14世纪中期至16世纪末的文化和思想运动。

2. 巴洛克：原指不规则的，怪异的珍珠，当时人们认为其华丽、炫耀的风格是对文艺复兴风格的贬低，现在人们已经公认，巴洛克是欧洲一种伟大的艺术风格。

3. 折中主义：把各种不同的思想、观点、理论，无原则地、机械地拼凑在一起，企图调和那些不可调和的，即哲学上的折中主义，也就是我们通常所说的调和主义。它也是18世纪的一种建筑风格。

4. T型台：原为建筑词汇，借用于时装界，指时装表演中模特用以展示时装的走道。

## 生词语

| | | | | | |
|---|---|---|---|---|---|
| 1. | 地道 | dìdao | 形 | 真正的，纯粹的。 | 三 |
| 2. | 声名鹊起 | shēngmíng-quèqǐ | | 形容名声迅速提高。 | |
| 3. | 脱颖而出 | tuōyǐng'érchū | | 比喻才能全部显示出来。 | F |
| 4. | 荣耀 | róngyào | 形 | 光荣。 | |
| 5. | 落脚儿 | luòjiǎor | 动 | 指临时停留或暂住。 | |
| 6. | 名不副实 | míngbùfùshí | | 名称或名声与实际不相符；有名无实。也说名不符实。 | |
| 7. | 呢绒 | níróng | 名 | 用动物毛或人造毛等原料纺成的各种毛织物的统称。 | |

| 8. | 云集 | yúnjí | 动 | 像天空的云一样从各处聚集在一起。 | |
| 9. | 圆润 | yuánrùn | 形 | 饱满而润泽；（书、画技法）熟练流利。 | |
| 10. | 极为 | jíwéi | 副 | 表示程度达到极点。 | 三 |
| 11. | 徜徉 | chángyáng | 动 | 闲游，安闲自在地步行。 | |
| 12. | 觅 | mì | 动 | 寻找。 | |
| 13. | 庄重 | zhuāngzhòng | 形 | （言语、举止）不随便，不轻浮。 | |
| 14. | 创始人 | chuàngshǐrén | 名 | 开始建立的人。 | 三 |
| 15. | 情调 | qíngdiào | 名 | 事物所具有的能引起人的各种不同感情的性质。 | F |
| 16. | 辉煌 | huīhuáng | 形 | 光辉灿烂。 | 三 |
| 17. | 家喻户晓 | jiāyù-hùxiǎo | | 每家每户都知道。 | F |
| 18. | 周到 | zhōudào | 形 | 每个方面都想到。 | 三 |
| 19. | 跌宕起伏 | diēdàng-qǐfú | | 起伏有变化，不平铺直叙。 | |
| 20. | 潜伏 | qiánfú | 动 | 隐藏，埋藏。 | |
| 21. | 桩 | zhuāng | 量 | 用于事情、心愿等，相当于"件"。 | 三 |
| 22. | 觊觎 | jìyú | 动 | 希望得到（不应该得到的东西）。 | |
| 23. | 防范 | fángfàn | 动 | 防备，戒备。 | 二 |

| 24. | 魔爪 | mózhǎo | 名 | 比喻凶恶的势力。 | |
| 25. | 俊美 | jùnměi | 形 | 清秀，美丽。 | |
| 26. | 溺爱 | nì'ài | 动 | 过分宠爱（自己的孩子）。 | |
| 27. | 寄予 | jìyǔ | 动 | 把理想、感情、希望等放在（某人身上或某种事物上）。 | |
| 28. | 瞬间 | shùnjiān | 名 | 转眼之间。 | 三 |
| 29. | 匪徒 | fěitú | 名 | 盗匪；像盗匪一样作恶的坏人。 | |
| 30. | 悲痛欲绝 | bēitòngyùjué | | 悲伤得死去活来，形容悲哀伤心到了极点。 | |
| 31. | 覆盖 | fùgài | 动 | 遮盖。 | 三 |
| 32. | 严酷 | yánkù | 形 | 残酷，冷酷。 | |
| 33. | 具 | jù | 量 | 用于某些整体的事物，如棺木、尸体等。 | |
| 34. | 骷髅 | kūlóu | 名 | 干枯的死人头骨或全身骨骼。 | |
| 35. | 诅咒 | zǔzhòu | 动 | 咒骂，用恶毒的话骂。 | |
| 36. | 抑郁 | yìyù | 形 | 心有怨愤，不能诉说而烦闷。 | 三 |
| 37. | 筹备 | chóubèi | 动 | 为进行工作、举办事业或成立机构等事先筹划准备。 | |
| 38. | 熏 | xūn | 动 | 熏制，食品加工的一种方法。 | 三 |
| 39. | 浓郁 | nóngyù | 形 | （花草等的香气）浓重。 | 三 |

| | | | | | |
|---|---|---|---|---|---|
| 40. | 啧啧 | zézé | 拟声 | 形容咂嘴或说话声。 | |
| 41. | 久违 | jiǔwéi | 动 | 客套话,好久没见。 | F |
| 42. | 盛名 | shèngmíng | 名 | 很大的名望。 | |
| 43. | 超群 | chāoqún | 形 | 超过一般。 | |
| 44. | 装潢 | zhuānghuáng | 名 | 物品的装饰。 | |
| 45. | 没落 | mòluò | 形 | 衰败,趋向灭亡。 | F |
| 46. | 秀色可餐 | xiùsè-kěcān | | 形容女子姿容非常美丽或景物非常优美。 | |
| 47. | 驻足 | zhùzú | 动 | 停止脚步。 | |
| 48. | 前尘往事 | qiánchén-wǎngshì | | 指从前的或从前经历的事。也说前尘影事。 | |
| 49. | 俨然 | yǎnrán | 副 | 形容很像。 | |

## 专有名词

| | | | |
|---|---|---|---|
| 1. | 列巴 | Lièba | 是俄语面包的译音,一般指大面包。 |
| 2. | 秋林 | Qiūlín | 食品店名。 |
| 3. | 华梅 | Huáméi | 餐厅名。 |
| 4. | 马克西姆 | Mǎkèxīmǔ | 餐厅名。 |

## 语言点

### 一、既……，也……

★ 在清寒之地，既有利于防寒，也丰富了外墙的艺术效果。

◆ 说明："既……，也……"后一部分表示进一步补充说明。连接两个结构相同或相似的词语（音节数也常相同）或短语。

（1）这个地方，对于外省独立、自由的漂泊艺人来说，既是天堂也是地狱，既是乐园也是赌场。

（2）之所以能这么脸不红心不跳地骗管大爷，得感谢这次筛沙子的经历，它让我既尝尽了苦头，也让我学会了生存的能力。

（3）火星上既有春夏秋冬四季的变化，也有白天和黑夜的交替。

### 二、桩

★ 然而，与马迭尔联系最紧密、最著名的一段历史却是一桩震惊世人的惨案——"西蒙·开斯普绑架案"。

◆ 说明：量词。表示"件"（用于事情和案件）。

（1）微积分到底是谁发明的，这在世界科学史上曾经是一桩公案。

（2）汉字究竟何时何地传入日本，成了一桩众说纷纭的疑案。

（3）四队之间的"连环套"乃好事一桩，说明亚洲女篮仍有竞争，仍有悬念。

### 三、不单

★ 不单是犹太人、俄国人、中国人，甚至有些日本人，都在诅咒这罪行。

◆ 说明：连词。和"而且"、"并且"配合起来连接两个并列小句，表示除所说的意思之外，还有更进一层的意思。也可以连接并列的名词性成分或介词短语。

**1.** 用在前一小句。两个小句主语相同时，"不单"多放在主语前。后一小句必用"而且"、"并且"、"也"、"还"、"又"等呼应

（1）水库不单要修，而且一定要修好。

（2）生活改善了，我家不单不愁吃穿，并且每月还有富余。

**2.** "不单……而且"可以连接名词性成分或介词短语（均限于谓语前）

（3）不单所有的工人，而且几乎所有的家属都参加了这次义务劳动。

（4）不单在这个车间，而且在全厂都开展了生产劳动竞赛。

**3.** 后一小句用"连……也（都）……"、"甚至……也……"或"即使（就是）……也……"，表示进一层的意思，这时口语中常用"不单单"

（5）那山峰不单单人上不去，连老鹰也很难飞上去。

（6）他不单单在国内是第一流的医生，就是在国际上也是闻名的。

## 四、出

★ ……，也上演了一出出间谍暗探的潜伏好戏。

◆ 说明：量词。一个独立的戏曲剧目叫"一出"，一本传奇小说中的一个大段落叫"一出"。

（1）这出戏演得很好。

（2）自1992年至今，一出出新闻官司成为引人注目的社会热点，新闻界屡屡作为被告且大都败诉。

（4）回首唏嘘往事，一出出，一幕幕，老人深感浮生恍如梦。

（3）在以后的十几年中，白淑贤一步一脚印，在一出出龙江剧的新剧目中倾注了大量的心血，而龙江剧也在一步步走向成熟。

## 五、数量短语重叠做定语

★ ……，也上演了一出出间谍暗探的潜伏好戏。

★ 踏着一块块光泽迷人的"面包石"……

◆ 说明：数量短语也可以重叠，但数词限于"一"，做定语时后面要加

"的"；重叠的"一"也可以省略，此时数量短语后不用"的"。这种重叠的数量短语的作用在于描写。

(1) 桌子上摆着一盘一盘的水果。
(2) 桌子上摆着一盘盘水果。

## 六、竟然

★ 一些年长的俄国人品尝了哈尔滨的红肠都啧啧称叹，久违的味道竟然保留在这座东方冰城里。

◆ 说明：副词。表示出乎预料，与"居然"相近。用于不好的方面时，表示不应该这样而这样，含有斥责的语气；用于好的方面时，表示不容易这样而这样，含褒义。修饰动词、形容词，做状语。

(1) 刚取得一点点成绩，他竟然就骄傲起来。
(2) 丑小鸭苏醒过来，发现自己竟然变成了一只美丽的天鹅。
(3) 问题就在眼前，我们竟然没有发现。
(4) 这次运动会上，他的奔跑速度竟然快得惊人。

## 综合练习

### 一、填上合适的量词

一（　　）惨案　　　一（　　）好戏　　　一（　　）面包石
一（　　）大街　　　一（　　）红肠　　　一（　　）乐曲

### 二、把成语补充完整，并选择成语改写下列句子

跌宕起（　　）　声名（　　）起　脱（　　）而出　秀色可（　　）
如梦似（　　）　名不（　　）实　家（　　）户晓　悲痛欲（　　）

1. 1997年，中央大街成为中国首条商业步行街，在国内名声迅速提高。
2. 2009年，中央大街从200余条名街中一下子显现出特色和优点来，成为首批10条"中国历史文化名街"之一。

3. 一直以来,"中国大街"的名称和实际并不相符,从建筑到商埠都是外国人所建,甚至街上的行人大部分也都是外国人。

4. 这部电视剧情节起伏波折、扣人心弦。

## 三、选择合适的关联词语填空

1. 马迭尔宾馆在哈尔滨家喻户晓,(　　)因为其建筑美丽和服务周到,(　　)因为马迭尔背后跌宕起伏的历史传奇。(不仅……更是……;尽管……但是……)

2. 这条公路(　　)要修,(　　)一定要修好。(不单……而且……;虽然……但是……)

3. 华梅西餐厅的产品(　　)在哈尔滨热销,(　　)远销欧洲。(因为……所以……,不仅……甚至……)

4. 中央大街始建于1898年,(　　)有数千名中国筑路劳工在这一带落脚儿,(　　)这里最初被称为"中国大街"。(既然……就……;因为……所以……)

## 四、用指定的词语或形式完成句子

1. 感谢这次长途跋涉的经历,＿＿＿＿＿＿,也让我学会了生存的能力。(既……)

2. ＿＿＿＿＿＿,而且几乎所有的家属都参加了这次义务劳动。(不单)

3. ＿＿＿＿＿＿,就是当地人也很难说清楚它的来历。(不单单)

4. ＿＿＿＿＿＿,望着两侧的建筑,就好像走进了近代欧洲建筑博物馆。(一+量+量)

5. 问题这么多,＿＿＿＿＿＿。(竟然)

### 五、根据课文内容填空

中央大街最著名的马迭尔宾馆是新艺术运动风格的代表，1906年新艺术运动（　　　）欧洲时，它在中国诞生。宾馆的（　　　）约瑟·开斯普是俄籍犹太人，后来举家加入了法国籍，马迭尔宾馆室内设计也充满浓浓的法国（　　　），足见其对法国文化的热爱。建筑师是位俄国人，毕业（　　　）巴黎大学。马迭尔作为20世纪初的建筑，理应体现出时代精神，（　　　）马迭尔建筑造型处处体现着"新艺术"的浪漫与想象力，建筑长度（　　　）了西七至西八道街之间的一个街区，造型简洁、（　　　）、自由流畅。

### 六、从下列句子中选出错误的一项

1. A　北京，关于外省独立、自由的漂泊艺人来说，既是天堂也是地狱，既是乐园也是赌场。

   B　规则产生于现代社会生活，是为了维持、维护现代社会生活的秩序而约定俗成的一种行为规范。

   C　不管从世界范围来看，还是从中国范围来看，"代沟"自古以来就是存在的；任何国家和时代都是不可避免的。

2. A　现代生活容许人们持有种种不同的观念和行为方式、生活方式。

   B　试想一想：如果没有"代沟"，青年人和老年人完全一模一样，人类的进步表现在什么地方呢？

   C　踏着一块块光泽迷人的"面包石"，眺望两侧建筑，一如走进近代欧洲建筑博物馆。

3. A　伴随岁月的积淀，水井的文化意义远远超越了功能意义，成为一种因情景不同而文化意义不同的符号。

   B　一些年长的俄国人品尝了哈尔滨的红肠都啧啧称叹，久违的味道既然保留在这座东方冰城里。

   C　我们对未知世界充满了疑惑，这也为各种所谓的特异功能、鬼神之说提供了生存空间。

4. A 在华梅西餐厅用餐，讲究的是气氛，虽说旧俄贵族早已没落，所以来到这里，仍能找到一种古老优雅的感觉。

　　B 一口水井成了故乡家园的象征，他乡的一碗井水常常让人充满了离愁别绪，思念之情涌上心头。

　　C 我们的视觉认知系统在观察周围的世界时往往只留意自认为最重要的部分，并不能看得很全面。

## 七、排列正确顺序

1. A 不仅因为其建筑美丽和服务周到
   B 马迭尔宾馆在哈尔滨家喻户晓
   C 更是因为马迭尔背后跌宕起伏的历史传奇
   （　　　　　　　）

2. A 目前这种具有传统欧式风味的红肠
   B 久违的味道竟然保留在这座东方冰城里
   C 已经在俄罗斯失传
   D 一些年长的俄国人品尝了哈尔滨的红肠都啧啧称叹
   （　　　　　　　）

3. A 而这几样美味
   B 说到哈尔滨美食，一定少不了红肠、大列巴和正宗的俄式西餐
   C 从中央大街走过，便可一次尝遍
   （　　　　　　　）

4. A 除非确实有话可说有事可谈
   B 这几年，经常有朋友请我吃饭，社会上叫饭局
   C 对于饭局，我一般没大兴趣
   （　　　　　　　）

 补充课文

## 不要"情绪污染"

那天我搭乘263号公共汽车,人还没上好,司机就关门了,把我的左胳臂给关到车门外边儿去了。疼是不怎么疼,只是司机的工作态度未免太恶劣,叫人生气。我吊在站客间,随着大家东倒西歪。没有坐几站,我就可以判断——司机在闹情绪,也不知是他过年赌输了钱,还是受了谁的气,他把车子开得猛地起动、猛地刹车,不管站着的,坐着的,都不舒服。环顾四周,有几个人接住我探询的眼光,报我一个苦笑或摇摇头。我们全都没说话,这叫"敢怒不敢言",全都做了"沉默的多数"。

司机一个人的情绪以及他暴烈的行为反应,害苦了一车人,污染了许多人的情绪。

我下车后,孩子闹着要我抱,我憋不住大吼一声:"妈妈累,自己走!"孩子惊异地盯着我,一脸要哭的样子。我立刻警觉:我的情绪给刚刚那么一闹,十分不畅快,结果无辜的小女儿倒了霉。像是水波一样,不愉快的情绪以司机为波心,向四周荡漾开来。

同样的情形随处可见:一肚子不高兴的丈夫,灰头土脸地进门来,晚餐桌上的气压一定会陡然下降。也许待会儿作太太的洗碗时,会想起自己年年埋首脏碗碟的委屈;或许孩子们彼此火气大,会为了点小事横眉竖眼。最起码,晚饭是吃得不轻松的。

我替那位火气大的司机作反省,结论是:他应该把人与我之际分辨好,"我"火大了,但是和乘客无关;他应该把公私之间分辨清楚,我情绪不佳是我个人的事,把车开好则是公事。他实在该克制自己,掌握自己的分寸和礼貌。

由此我又联想到,每个人都得留心家庭里的"情绪气氛"。我们要警觉,自己不作情绪污染的来源,同时,万一家里有人污染了大伙儿的情绪,要想怎么样去净化气氛。

感觉自己的情绪不佳时,可以立时对症下药。家母在太劳累或烦闷时,就

会给自己沏上一杯好茶。香喷喷、热乎乎的茶一下喉咙眼,她就觉得安慰、振奋些。我有一个朋友的方法是擦地板,另一个同学是猛对墙打网球。类似此类消耗体力的活动,能宣泄出心里的不快。如果不高兴就吃东西,包准要吃出毛病,成了个胖子;如果不痛快就去买衣服,钱必会花得太多,日后懊悔。

怎么样借情绪不佳的负力量,做些建设性的事,来发泄、平衡心绪?建议你,不妨在心情好的时候想一想,也可以请教朋友同事有什么妙招,以后遇上了自己情绪状况不良时,可以实习。养成自己平衡情绪的习惯,不仅能做个成熟的人,掌握自己的情绪,不去污染人家,同时能把地板擦干净了,把网球练好了,或者收集一大本剪报文章,等等。

(选自《读者》200期纪念专刊,甘肃人民出版社1998年5月,有改动。)

## 第七课　低碳低碳

 **热身**

1. 世界环境日是几月几日？
2. 汉语中的成语都有什么特点？下列哪些是成语呢？

   暴走族　叶公好龙　引人入胜　水滴石穿　开启心智　低碳
3. 你听过"叶公好龙"的故事吗？给大家讲一讲。
4. 你怎么理解"低碳"？你还知道哪些跟"低碳"相关的词语，请写出来。例如：环保　节能

 **课文**

　　我极少把自己扯进这个族那个族，除了汉族以外，我不承认我还是别的什么族。当然，我说的不是民族问题，我说的是时下流行的各种细化的人群分类方式，比如御宅族、暴走族、快闪族、蚁族……虽然曾经被归类为月光族，也差点就成了啃老族，其实也确实算得上熬熬族，但我对这些一波未平一波又起的新兴族群十分警惕，也见识过不少叶公好龙、装模作样的家伙，生怕老大不小再附庸风雅或故作姿态进了什么稀奇古怪的族。我第一次心动想加入某个族群，便是听起来非常引人入胜的——乐活族。

"健康、快乐，环保、可持续"，前两点我天生做得到，后两点我也没成心破坏过。我不吸烟、不喝酒、不开车、不打高尔夫、不乱扔电池……我不做的事还有很多。我从来坚持纸张双面打印，主要是在单位培养的良好习惯；我不攒够一堆衣服不开洗衣机，当然跟懒惰不无关系；我上超市从来不买塑料袋，也有一部分原因是觉得不划算；我很少开空调，除了减排，也因为开了就觉得不舒服。但是不管怎么说，尽管有些并不是十分主观的原因，我还是勉强算得上低碳环保的。我对自己的优点总是如数家珍，记得一清二楚，多年来靠表扬与自我表扬乐呵呵走着人生路。但是，我也不得不承认，对于几乎算得上清规戒律的低碳原则，还是有意无意地破坏过。我从来没有打过更，却习惯了晚睡，白天经常发呆，晚上精神抖擞点灯工作；我热爱买衣服，不必要的衣服简直比必要的还多；我本来想自夸最近喜欢网上购物，减少了交通出行，却发现少上网少费电也是低碳原则。我以为我多少还是沾着低碳的边儿的，却终于碰到了一个身体力行的低碳痴迷者，被踢出革命队伍了。

话说那位严于律己也并没宽以待人的低碳先锋是我同学的先生，此君原本不过是一个平凡的新闻工作者，却在悲剧地被查出了脂肪肝后洗心革面变成了彻头彻尾的草食环保者。我们去他家吃饭，他严防死守不许媳妇把洗菜的水流开大，让等饭的大伙怀疑水滴石穿洗菜何时休。终于吃上了，这位仁兄又痛心疾首给大家讲解动物们临死的痛苦以及食肉对人的伤害，害得我们适得其反，生出把他吃掉图个清静的念头。饭毕，他用心良苦劝我改骑自行车上班，宏观上伟大的理由是环保，私下的理由听来也设身处地为我盘算过——不仅不必操心油价，还可一箭双雕控制体重，既省钱又塑形，好像便宜都让我占了。待我具体情况具体分析地回复他，我家住距东五环十公里的通州，坐从不堵车的地铁上班还需五十分钟，他不仅没觉得自己很荒诞，还继续自说自话——不刮风下雨还是没问题的。我差点就被感动了，他多么爱地球啊，但是为啥他的前提是不管我死活，把我搭上，连公共交通工具都不让坐呢。先不说地铁五十分钟的道路，我要骑着自行车经过多少红灯停绿灯行，单说说那些狼烟四起的尾气，我就条件

第七课　低碳低碳

反射地咳嗽了。为了不伤害他坚持低碳、坚持宣讲低碳的感人生活态度，我只能也顺着他的思路说——尾气太狰狞了，我吸多了还得住院，要是手术的话，貌似无影灯也挺费电，我不该给医院添麻烦。

我没夸大什么，也不是在描述哪个特殊的人，这样的低碳先锋一年也认识了两三个。他们都是执着的、可爱的，对环保节能造福子孙也的确苍天可表，甚至我回想起他们一往情深爱环境的样子，都不得不承认，他们都做到了"一个高尚的人，一个纯粹的人，一个有道德的人，一个脱离了低级趣味的人，一个有益于人民的人"。但是，我还要加一句，他们也是有点矫枉过正的人。一个国家的环境，不可能靠个别人的自我沉溺完成。

是的，全世界的气候都变得越来越古怪，我们的生存和健康都面临着挑战，如果依然熟视无睹地消耗这排放那，人类必然自取其辱甚至自取灭亡，那些灾难电影里的特效可能真会排山倒海扑面而来。其实，我们已经到了必须低碳的时刻。但好在，低碳并不是痛苦的。低碳生活，其实也是一种良善的生活态度，面对这个给了我们很多恩惠的世界，我们应该从一点一滴做起，安分守己，知恩图报。对先人，对后者，也算是有个说得过去的交待。于自己，持之以恒的、简朴的生活方式，或许会促进我们对于生活的觉醒和认知。知性和灵性，都可能因此有幽深和阔大的空间。低碳生活，会从一些被忽略的层面开启心智，让我们更好地积蓄生命的能量，在节制的、理性的、良性的进程中，一点一点体味生命的尊贵和雍容，让平常岁月散发出宁静、优雅的光芒。

但仿佛一下子，低碳忽然无处不在，更像一种叫嚣和张扬。它不仅仅是一句口号，没必要这么响亮。它越是像一句号召，就离切实的百姓生活越遥远。以身作则的时刻，大概是超脱规则忘记规则的时刻，待到没有人再天天嚷嚷低碳，循环经济、低碳模式进入生活的深处，我们的环保才算上了一个新的台阶。

我不知道有没有低碳族这个称呼，我也无意高调地将自己归类其中。我只是一个平凡的中国人，我会尽量低碳，因为我想环境更好，也想自己更好。

（选自《读者》2011年第2期，作者马小淘，有改动。）

高级汉语精读教程

## 注释

1. 族：指具有某种共同属性的一类人，如打工族、上班族等。

2. 御宅族：一般指对ACG［动画（animation）、漫画（comic）、游戏（game）的总称］具有超出一般人知识面、鉴赏和游玩能力的特殊群体。御宅族不一定会待在家里不出门，广义上是指一些热衷及博精于某一亚文化的人。

3. 暴走族：指徒步或骑自行车出去的旅游者，更多是倾向组队徒步游玩并锻炼身体。

4. 快闪族：一群互不相识的人，通过网络等方式相约在指定时间和地点集合，然后一起做出一些动作，例如拍手掌、喊口号等，然后迅速消失。

5. 月光族：指将每月赚的钱都用光、花光的人。

6. 啃老族：也叫"吃老族"或"傍老族"。指有谋生能力，但主动放弃了就业机会，赋闲在家，靠父母供养的年轻人。

7. 熬熬族：对熬夜族群形象化的称呼，包括加班的白领、熬通宵的学生、酒吧的歌手等。

## 生词语

| 1. | 时下 | shíxià | 名 | 眼前；当下。 |
| 2. | 警惕 | jǐngtì | 动 | 对可能发生的危险情况或错误倾向保持敏锐态度。 |
| 3. | 叶公好龙 | yègōng-hàolóng | | 比喻表面上爱好某事物，其实并不真爱好。 |
| 4. | 装模作样 | zhuāngmú-zuòyàng | | 故意做作，装出某种样子给人看。 |

| | | | | | |
|---|---|---|---|---|---|
| 5. | 附庸风雅 | fùyōng-fēngyǎ | | 为了装点门面而结交有名的人，从事有关文化的活动。 | |
| 6. | 稀奇 | xīqí | 形 | 稀少新奇。 | 三 |
| 7. | 引人入胜 | yǐnrén-rùshèng | | 引人进入佳境（指风景或作品等）。 | F |
| 8. | 成心 | chéngxīn | 副 | 故意。 | |
| 9. | 懒惰 | lǎnduò | 形 | 不爱劳动和工作；不勤快。 | 三 |
| 10. | 如数家珍 | rúshǔjiāzhēn | | 像数自家的珍宝一样，形容对列举的事物或叙述的故事十分熟悉。 | |
| 11. | 清规戒律 | qīngguī-jièlǜ | | 僧尼、道士必须遵守的规则和制度，借指束缚人的死板的规章制度。 | |
| 12. | 抖擞 | dǒusǒu | 动 | 振作。 | |
| 13. | 痴迷 | chīmí | 动 | 深深地迷恋。 | F |
| 14. | 严于律己 | yányúlùjǐ | | 对自己要求很严格。 | |
| 15. | 宽以待人 | kuānyǐdàirén | | 对别人要求很宽松，宽容。 | |
| 16. | 洗心革面 | xǐxīn-gémiàn | | 比喻彻底悔改。也说革面洗心。 | |
| 17. | 彻头彻尾 | chètóu-chèwěi | | 从头到尾，完完全全。 | |
| 18. | 严防死守 | yánfáng-sǐshǒu | | 严密防备，拼死守住。 | |
| 19. | 水滴石穿 | shuǐdī-shíchuān | | 比喻力量虽小，只要坚持不懈，事情就能成功。也说滴水穿石。 | |

| 20. | 痛心疾首 | tòngxīn-jíshǒu | | 形容痛恨到极点。 |
| --- | --- | --- | --- | --- |
| 21. | 适得其反 | shìdé-qífǎn | | 结果跟希望正好相反。 |
| 22. | 用心良苦 | yòngxīn-liángkǔ | | 形容对人对事竭尽心思。 |
| 23. | 设身处地 | shèshēn-chǔdì | | 设想自己处在别人的地位或境遇中。 |
| 24. | 一箭双雕 | yījiàn-shuāngdiāo | | 原指射箭技术高超，一箭射中两只雕，后比喻做一件事达到两个目的。 |
| 25. | 荒诞 | huāngdàn | 形 | 过于离奇，非常不真实，不合情理。 |
| 26. | 狼烟四起 | lángyān-sìqǐ | | 四处有报警的烽火，指边疆不安定。这里形容城市里的汽车尾气到处都是。 |
| 27. | 猖獗 | chāngjué | 形 | 凶猛而放肆。 |
| 28. | 苍天可表 | cāngtiān-kěbiǎo | | 古人以苍天为大，指让苍天来作见证。 |
| 29. | 一往情深 | yīwǎng-qíngshēn | | 指对人或对事物倾注了很深的感情，十分向往留恋。 |
| 30. | 矫枉过正 | jiǎowǎng-guòzhèng | | 纠正偏差超过了应有的限度。 |
| 31. | 沉溺 | chénnì | 动 | 比喻深深陷入某种境地。 |
| 32. | 熟视无睹 | shúshì-wúdǔ | | 虽然经常看到却跟没看见一样。形容对事情漠不关心。 |

| 33. | 自取其辱 | zìqǔqírǔ |   | 自己招致来的侮辱。 |   |
|---|---|---|---|---|---|
| 34. | 恩惠 | ēnhuì | 名 | 他人给予的好处。 |   |
| 35. | 安分守己 | ānfèn-shǒujǐ |   | 安守自己的本分，不惹是生非。 |   |
| 36. | 知恩图报 | zhī'ēn-túbào |   | 知晓别人的恩惠而想着报答。 |   |
| 37. | 持之以恒 | chízhī-yǐhéng |   | 有恒心，长期坚持下去。 | F |
| 38. | 幽深 | yōushēn | 形 | 幽静深邃。 |   |
| 39. | 体味 | tǐwèi | 动 | 体会品味。 |   |
| 40. | 雍容 | yōngróng | 形 | 仪态温和端庄，举止文雅从容。 |   |
| 41. | 优雅 | yōuyǎ | 形 | 优美高雅。 | 三 |
| 42. | 叫嚣 | jiàoxiāo | 动 | 大声地喊叫喧嚷（含贬义）。 |   |
| 43. | 以身作则 | yǐshēn-zuòzé |   | 用自己的行动为别人作为榜样。 | F |
| 44. | 超脱 | chāotuō | 形 | 形容不拘泥于成规习俗。 |   |

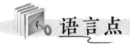

## 语言点

### 一、不……不……

★ 我不攒够一堆衣服不开洗衣机……

◆ 说明：假设关系紧缩复句。表示"如果不……，就不……"的意思。"不"所关联的可以是两个动词（短语）或两个形容词（短语），也可以是一个动词（短语）、一个形容词（短语）。

（1）明天下午咱们不见不散。

（2）衣服不漂亮不买。

（3）棉衣不厚不暖和。

## 二、不管怎么说

★ 但是不管怎么说，尽管有些并不是十分主观的原因，我还是勉强算得上低碳环保的。

◆ 说明：表示在任何条件下结果或结论都不会改变。经常用于句子的开头，或是后一小句的开头。

（1）不管怎么说，灿烂的玛雅文化神奇一般地消失，在人类文明史册上留下了一个巨大的问号。

（2）不管怎么说，每个人都是需要长大成人的，总不可能一辈子做个孩子吧。

（3）不管怎么说，这个 8 个月才孕育而出的吉祥物还是受到了好评。

（4）北京某中学的老师认为，不管怎么说，目前某些学校学生交费仍然偏高。

## 三、从来

★ 我从来坚持纸张双面打印……

★ 我上超市从来不买塑料袋……

★ 我从来没有打过更，却习惯了晚睡……

◆ 说明：副词。表示从过去到现在都是如此，有"一直"的意思。多用于否定句，也可用于肯定句。

（1）他天天坚持冷水浴，从来没有间断过。

（2）他对工作从来认真负责。

"从来"后加否定词"没"、"没有"时，单音节动词、形容词后常常要带"过"。

（3）我从来没有想过这个问题。

（4）人数从来没少过。

## 四、既……又……

★ ……不仅不必操心油价，还可一箭双雕控制体重，既省钱又塑形，好像便宜都让我占了。

◆ 说明：并列关系的复句，表示同时具有两个方面的性质或情况。

（1）这些女学生既年轻又漂亮。

（2）他既是我的好朋友，又是我的英语老师。

### 五、数量短语重叠做状语

★ ……在节制的、理性的、良性的进程中，一点一点体味生命的尊贵和雍容……

◆ 说明：重叠的数量短语用在动词前，可以做状语，表示动作的方式。

（1）孩子们排着队，两个两个地走进教室。

（2）他一页一页地仔细翻看着新买的语法书。

重叠的"一"可以省略，"地"也可以省略。

（3）他一页页仔细翻看着新买的语法书。

## 综合练习

### 一、把成语补充完整，并根据解释选择合适的成语

叶公好（　　）　　　引人入（　　）　　　装模作（　　）

如数家（　　）　　　熟视无（　　）　　　一箭双（　　）

矫枉过（　　）　　　一往情（　　）

1. 纠正偏差超过了应有的极限。　　　　　　　　　　　　　（　　　）
2. 虽然经常看到却跟没看见一样，形容对事情漠不关心。　　（　　　）
3. 比喻表面上爱好某事物，其实并不真爱好。　　　　　　　（　　　）
4. 引人进入佳境（指风景或作品等）。　　　　　　　　　　（　　　）
5. 像数自家的珍宝一样，形容对列举的事物或叙述的故事十分熟悉。

（　　　）

### 二、给动词填上合适的宾语

控制___　　　警惕___　　　开启___　　　宣讲___

承认____  超脱____  造福____  脱离____

## 三、填上合适的近义词

体味_____  当下_____  合算_____  迷恋_____

高雅_____  恩泽_____  猖獗_____  抖擞_____

## 四、用指定的词语或形式完成句子

1. 甜西瓜便宜啦，_____。（不……不……）

2. _____，总不可能一辈子做小孩子吧。（不管怎么说）

3. 事实的真相正在调查中，_____，您就放心吧。（不管怎么说）

4. 他每天坚持洗冷水浴，_____。（从来）

5. 这个餐厅的饭菜_____。（既……又……）

6. _____地翻看着新的语法书。（一＋量＋一＋量）

## 五、根据课文内容填空

全世界的气候都变得越来越古怪，我们的生存和健康都面临着挑战，如果依然（_____）地消耗这排放那，人类必然（_____）甚至自取灭亡，那些灾难电影里的特效可能真会（_____）扑面而来。其实，我们已经到了必须低碳的时刻。但（_____），低碳并不是痛苦的。低碳生活，其实也是一种良善的生活态度，面对这个给了我们很多（_____）的世界，我们应该从一点一滴做起，（_____），知恩图报。对先人，对后者，也算是有个说得过去的交待。

## 六、选择和下列句子意思一致的一项

1. 我以为我多少还是沾着低碳的边儿的，却终于碰到了一个身体力行的低碳痴迷者，被踢出革命队伍了。

   A 低碳痴迷者认为我的生活算不上低碳环保。

   B 低碳痴迷者被赶出了低碳的队伍。

2. 饭毕，他用心良苦劝我改骑自行车上班，宏观上伟大的理由是环保，私下的理由听来也设身处地为我盘算过——不仅不必操心油价，还可一箭双雕控制体重，既省钱又塑形，好像便宜都让我占了。

   A 他劝我改骑自行车上班的理由有：环保、省钱、减肥。

   B 他劝我改骑自行车主要是为了让我控制体重。

3. 我差点就被感动了，他多么爱地球啊，但是为啥他的前提是不管我死活，把我搭上，连公共交通工具都不让坐呢。

   A 我被他感动得要死了。

   B 我并不赞同他的建议。

4. 我不知道有没有低碳族这个称呼，我也无意高调地将自己归类其中。我只是一个平凡的中国人，我会尽量低碳，因为我想环境更好，也想自己更好。

   A 我认为不存在低碳族，我也不是低碳族。

   B 不管我算不算低碳族，我都会努力为了环境做到低碳。

## 七、排列正确顺序

1. A 前两点我天生做得到
   B "健康、快乐、环保、可持续"
   C 后两点我也没成心破坏过
   （　　　　　　　　　　）

2. A 而且还必须有很强的生存能力
   B 才能足以应付外来的危机
   C "未来人"不仅是未来信息的载体
   （　　　　　　　　　　）

3. A 我要骑着自行车经过多少红灯停绿灯行
   B 先不说地铁五十分钟的道路
   C 我就条件反射地咳嗽了
   D 单说说那些狼烟四起的尾气
   (           )

4. A 于是有人预言未来的人们离不开网络了
   B 反正网络发展这么快是人们始料不及的
   C 网上信息服务越来越火
   D 随着数字化信息的迅猛发展
   E 不管怎么说
   (           )

## 八、从下列句子中挑出错误的一项，并改正

1. A 紧张的工作和学习必然带来一种更为紧张的工作压力。
   B 在我眼里，幸福是一种事后回忆，是一种情绪的总结。
   C 我不吸烟、不喝酒、不开车、不打高尔夫、不乱扔电池……我不做的事更有很多。

2. A 即使我们有幸掌握了生活快慢的控制权，我们仍有可抱怨的。
   B 它越是像一句脱俗的号召，就越遥远切实的百姓生活。
   C 与张先生不同，生活在中国西南地区的曾女士喜欢登山。

3. A 我不知道有没有低碳族这个称呼，反而我无意高调地将自己归类其中。
   B 正是因为我们想快就快、想慢就慢，我们反倒对快慢失去感觉了。
   C 在5000多米的地方啃压缩饼干的滋味绝对没有涮火锅的味道好。

4. A 一次成功的攀登需要强健的身体、熟练的技术、良好的装备和老天爷的眷顾。
   B 全世界的气候都变得越来越古怪，我们的生存和健康都被面临着挑战。
   C 我们在战略上藐视敌人的同时，也要在战术上重视敌人。

## 九、仿照下列句式造句

1. "健康、快乐，环保、可持续"，<u>前两点</u>我天生做得到，<u>后两点</u>我也没成心破坏过。（前两点……，后两点……/前者……，后者……）

   _____
   _____
   _____

2. <u>先不说</u>地铁五十分钟的道路，我要骑着自行车经过多少红灯停绿灯行，<u>单说说</u>那些狼烟四起的尾气，我就条件反射地咳嗽了。（先不说……，单说说……）

   _____
   _____
   _____

3. 它<u>越</u>是像一句号召，就离切实的百姓生活<u>越</u>遥远。（越……，越……）

   _____
   _____
   _____

# 第八课 金色南疆

 **热身**

1. 你知道"南疆"指的是中国什么地方吗?
2. 了解中国地图,说说你最想去中国什么地方。

 **课文**

南疆是金色的。

横亘新疆的塔克拉玛干沙漠,在南疆,一望无垠,连接着天与地、神与人那遥远渺茫而神秘的界限。在西北格外高远的蓝天的映衬下,在紫外线格外强烈的阳光的照射下,沙漠浸透着无边无际的金色。那种纯正的金色,似乎从每一粒沙砾中都可以提取出金子来。

这种金色,可以说是涂抹在整个南疆的底色。在中国,这是任何一地旅游中都无法看到的风光。在江南的春天,可以看到绿色的山水;在北国的冬天,可以看到银色的冰雪;在中原的秋天,可以看到火红的枫叶⋯⋯但是,你要想看到这样壮丽恢宏且一年四季都是金色的沙漠,必要到南疆,舍此,别无选择。

不过，如果你以为南疆只是荒凉的沙漠，只有单调的色彩，到处是"一川碎石大如斗，随风满地石乱走"的枯寂画面，那你就错了。南疆的魅力，在于在这样壮阔的沙漠背景中隐藏着庙宇、千佛洞和古城遗址。它们相得益彰，构成了南疆人文与自然交相辉映的奇迹。

庙宇在各地都能够见到，但如果你不乘飞机而是坐汽车横穿塔克拉玛干之后来到喀什，见到金碧辉煌的清真寺的时候，那感觉是不一样的。因有了漫长旅途的期待，更因有和天一样宽广的沙漠的衬托与对比，那彩色的清真寺才会在你的眼前立刻为之一亮，仿佛在茫茫的黑夜里看到了灿烂的星星，在星星闪烁下出现了童话般的辉煌的宫殿。风景，如同戏剧中的人物出场一样，南疆独有的沙漠无疑起了烘云托月的作用。金色和彩色的色彩对比，才会显得如此炫目。这让我想起在土耳其的伊斯坦布尔见到的蓝色清真寺，在蔚蓝色的博斯普鲁斯海峡涌动的海水的映衬下，才显得那样的壮观。南疆的沙漠，与伊斯坦布尔的海水，作用是一样的，化学反应似的，衬托得清真寺那样的不同凡响。金色的沙漠和蔚蓝色的海水，是清真寺的背景，如果没有了这样的背景，怎么可以迸射出它们如此的辉煌？

千佛洞，无论是库车的千佛洞，还是新和的千佛洞，本身无疑就因有佛光聚集而辉映着灿烂的金色。这种佛光与沙漠的金色相互辉映，彼此增添着金色的浓度和纯度。千佛洞，诞生在这样的沙漠之中，才显示着它的神秘与古老。沙漠的苍老和沧桑，如老人一样保护着它们，让它们在沙漠的腹地，在历史的深处，免受伤害而能够长久地保鲜存真。也让它们历史的厚重如树的年轮一样层层叠加那样的醒目，不用任何标签，一眼就能够看得出来。那是在真正岁月雕刻下的皱纹，而不是现代化妆术后的形象。同样，沙漠因有了这样的一座座千佛洞的存在而有佛光的普照，才让沙漠中的每一粒沙砾格外金光灿灿，让自然中、俗世中的沙砾有神圣的光芒，让你膜拜，禁不住跪拜在沙漠之中，双手捧起沙砾，让沙砾从指缝间沙漏一般流溢而出，让你感到温度，感到力度，感到茫茫天地之间人的渺小而自然与神的伟大。

高级汉语精读教程

那些散落在南疆沙漠中的古城遗址，更是南疆的奇迹。它们是南疆闪烁在今天的眼睛，它们是活在历史中的灵魂。记得那一年，我去库车的苏巴什古城，是一个落日洒满天地之间的黄昏。山是金色的，沙漠是金色的，古城的断壁残垣也都是金色的。粗犷、空旷而荒凉的景色，天和地、风和日都加入了景色之中，成了景色独一无二的元素，更容易让人荡涤心胸，感受到与大自然的相通，和历史的接近。那样的景色，是都市的人造景观无法相比的，是那种油饰一新的仿古景观更无法相比的。四围山色，万里戈壁，迎风怀想，那样的旅程，是和小桥流水，和桃红柳绿，完全不在一个段位之上的。

南疆的魅力，还在于在这样壮丽的沙漠中蕴藏着一条壮丽的河流——莽莽苍苍的塔里木河，和河两岸各自延伸40公里的莽莽苍苍的胡杨林。

在中国，美丽的河流，美丽的树林，多如灿烂的星河，各有各的特色。但是，只要想一想，塔里木河是在四周包围的干旱的沙漠中诞生的，千百年来一直浩浩荡荡地流淌着，顽强地和沙漠做着寡不敌众的奋争，难道还不是奇迹吗？当然，埃及的尼罗河同样也在沙漠之中，塔里木河无论从长度到宽度以及流量，都赶不上它。但尼罗河畔没有塔里木河两岸这样绵延了40公里的胡杨林。是的，这是塔里木河独有的，是塔里木河的守护神。活着不死一千年，死后不倒一千年，倒后不烂一千年，世界上还有这样宁折不弯、宁死不休的英雄树吗？绵延40公里，千军万马，铺排成方阵，每一棵胡杨树，都是南疆特有的旗帜和图腾。金色的沙漠中，正因为有了塔里木钢蓝色的河水和胡杨林苍绿色枝叶的映衬，才有了金色中丰富而柔韧的筋骨，在铁马冰河入梦的时候，多了一份儿女情长的绕指柔情。

金色的南疆，如同一座用金子打造而成的宫殿，正是因为有了这样丰富的人文与自然风光的参与，才使得南疆这一份炫目的金色丰富起来。如果说庙宇、千佛洞、古城遗址是南疆雄性的体现，那么，塔里木河和胡杨林，则是它女性的象征。

第八课　金色南疆

只要你一踏进南疆，你就会被丰富多彩的金色所包围、所淹没，于是你自己也成了一枚金色的书签，夹在回忆的纪念册里了。

（选自《人民日报海外版》2011年12月20日08版，作者肖复兴，有改动。）

胡杨林

喀什古城

金色南疆

## 注释

1. "一川碎石大如斗,随风满地石乱走":意思是"走马川这个地方的碎石像斗一样大,被暴风吹得满地乱滚",形容当地的风非常大,环境十分险恶。此句出自中国唐代诗人岑参的边塞诗《走马川行奉送封大夫出师西征》。

2. 塔克拉玛干沙漠:位于中国新疆的塔里木盆地中心,是中国最大的沙漠,也是世界第十大沙漠,同时还是世界第二大的流动沙漠。整个沙漠东西长约1000公里,南北宽约400公里,面积达33万平方公里。

## 生词语

| | | | | |
|---|---|---|---|---|
| 1. | 横亘 | hénggèn | 动 | 横向延伸。 |
| 2. | 一望无垠 | yīwàng-wúyín | | 一眼看不到边际,形容非常辽阔。 |
| 3. | 渺茫 | miǎománg | 形 | 因没有把握而难以预测。 |
| 4. | 无边无际 | wúbiān-wújì | | 没有边际,形容极其辽阔。 |
| 5. | 沙砾 | shālì | 名 | 沙子和碎石块。 |
| 6. | 底色 | dǐsè | 名 | 打底的颜色。 |
| 7. | 恢宏 | huīhóng | 形 | 宽阔;广大。同"恢弘"。 |
| 8. | 枯寂 | kūjì | 形 | 枯燥寂寞。 |
| 9. | 庙宇 | miàoyǔ | 名 | 供奉神佛或历史上有名人物的处所。 |
| 10. | 相得益彰 | xiāngdé-yìzhāng | | 互相配合,互相补充,各自的长处更能充分地显露出来。 |

| 11. | 交相辉映 | jiāoxiānghuīyìng | | （各种光亮、彩色等）相互映照。 | |
| --- | --- | --- | --- | --- | --- |
| 12. | 金碧辉煌 | jīnbì-huīhuáng | | 形容建筑物等华丽精美、光彩夺目。 | |
| 13. | 闪烁 | shǎnshuò | 动 | 亮光忽明忽暗，晃动不定。 | 三 |
| 14. | 宫殿 | gōngdiàn | 名 | 泛指帝王居住的高大华丽的房子。 | 三 |
| 15. | 烘云托月 | hōngyún-tuōyuè | | 比喻从侧面加以点染以烘托所描绘的事物。 | |
| 16. | 炫目 | xuànmù | 形 | （光彩）耀眼。 | |
| 17. | 衬托 | chèntuō | 动 | 用乙事物对照甲事物，使其更为突出。 | 三 |
| 18. | 不同凡响 | bùtóng-fánxiǎng | | 形容文章、作品等十分出色，与众不同。 | |
| 19. | 迸射 | bèngshè | 动 | 向四外喷射或放射。 | |
| 20. | 彼此 | bǐcǐ | 代 | 那个和这个；双方。 | 二 |
| 21. | 增添 | zēngtiān | 动 | 增多，添加。 | 三 |
| 22. | 沧桑 | cāngsāng | 形 | 比喻世事变化很大。 | F |
| 23. | 普照 | pǔzhào | 动 | 普遍照耀。 | |
| 24. | 膜拜 | móbài | 动 | 跪在地上举两手虔诚地行礼，表示虔诚的敬意。 | |
| 25. | 流溢 | liúyì | 动 | 充满而向外流或向外散发。 | |
| 26. | 断壁残垣 | duànbì-cányuán | | 残破倒塌的墙壁。形容房屋残破的凄凉景象，也称"残垣断壁"。 | |

第八课 金色南疆

107

| | | | | | |
|---|---|---|---|---|---|
| 27. | 粗犷 | cūguǎng | 形 | 不受拘束而有气魄。 | |
| 28. | 空旷 | kōngkuàng | 形 | 地方宽广，没有遮拦。 | |
| 29. | 荡涤 | dàngdí | 动 | 冲洗，清除。 | |
| 30. | 戈壁 | gēbì | 名 | 指地面几乎被粗沙、砾石所覆盖，植物稀少的荒漠地带。 | 三 |
| 31. | 蕴藏 | yùncáng | 动 | 在内部蓄积着（多指自然形成的）。 | 三 |
| 32. | 莽莽苍苍 | mǎngmǎng-cāngcāng | | 形容原野景色辽阔，无边无际。 | |
| 33. | 浩浩荡荡 | hàohào-dàngdàng | | 原形容水势广阔浩大。后多形容声势雄壮，规模宏大。 | |
| 34. | 寡不敌众 | guǎbùdízhòng | | 人少的一方抵挡不住人多的一方。 | |
| 35. | 绵延 | miányán | 动 | 延续不断。 | |
| 36. | 图腾 | túténg | 名 | 原始社会的人认为跟本氏族有血缘关系的某种动物或自然物，一般用作本氏族的标志。 | |
| 37. | 柔韧 | róurèn | 形 | 柔软而有韧性。 | |
| 38. | 铁马冰河 | tiěmǎ-bīnghé | | 骑着披甲的战马跨过冰封的河流。形容军旅生涯。 | |
| 39. | 儿女情长 | érnǚ-qíngcháng | | 指过分看重情爱或与家人之间的感情。 | |
| 40. | 绕指柔情 | ràozhǐ-róuqíng | | 可以缠绕在手指上的柔软的感情。 | |

| 41. | 丰富多彩 | fēngfù-duōcǎi | 成 | 内容丰富，种类多样。 | 三 |
| 42. | 枚 | méi | 量 | 跟"个"相近，多用于形体小的东西。 | 三 |

### 专有名词

| 1. | 喀什 | Kāshí | 新疆地名。 |
| 2. | 清真寺 | Qīngzhēnsì | 伊斯兰教的寺院。 |
| 3. | 伊斯坦布尔 | Yīsītǎnbù'ěr | 土耳其的首都。 |
| 4. | 库车 | Kùchē | 新疆地名。 |
| 5. | 新和 | Xīnhé | 新疆地名。 |
| 6. | 苏巴什 | Sūbāshí | 新疆古城名。 |
| 7. | 塔里木河 | Tǎlǐmù Hé | 中国最大的内陆河，在新疆。 |

 语言点

## 一、在于

★ 南疆的魅力，在于在这样壮阔的沙漠背景中隐藏着庙宇、千佛洞和古城遗址。

◆ 说明：动词。

**1.** 指出事物的本质所在，意为"正是、就是"。必带名词、动词、小句作宾语。主语多为名词短语

（1）出事故的原因就在于他们根本没有把安全生产放在第一位。

（2）他一再强调这个工程的问题不在于进度，而在于质量。

**2. 指出关键所在，意为"取决于"。必带名词、小句作宾语。主语多是选择性疑问小句**

（3）这件事成功与否就在于他了，我们要相信他。

（4）能不能获得冠军就在于这最后一场比赛了。

## 二、如（同）……一样

★ 风景，如同戏剧中的人物出场一样，南疆独有的沙漠无疑起了烘云托月的作用。

沙漠的苍老和沧桑，如老人一样保护着它们……

◆ 说明：短语结构，表示与某种情况相同或相似，跟"像……一样"用法相近，更书面化。也说"如（同）……那样"。

（1）绵延40公里的胡杨林，如同塔里木河的守护神一样，宁折不弯，宁死不休。

（2）一般人都是勤奋的，如果环境条件有利，工作就如同游戏或休息一样自然。

## 三、彼此

★ 这种佛光与沙漠的金色相互辉映，彼此增添着金色的浓度和纯度。

◆ 说明：代词。那个和这个，双方。

**1. 作主语。所指的往往已见于上文**

（1）他们初次见面，彼此还不熟悉，过几天就好了。

（2）大家从四面八方走到一起是缘分，应该彼此互相关心。

**2. 作宾语**

（3）跟我你就不要讲什么彼此了，需要什么就拿吧！

（4）他跟小王从不分彼此，有好吃的一块吃，有好玩的一块玩。

**3. 加"的"或"之间的"，修饰名词**

（5）对于这个问题，彼此之间的认识不同，也是完全可能的。

（6）彼此的经历虽然不一样，但是奋斗目标却是相同的。

**4. 习用语"彼此彼此"，套语，表示双方差不多，双方都一样**

（7）咱们俩彼此彼此，我画的比你也好不了多少。

（8）我们也只是彼此彼此，不需要对我道歉，我们以后就是好朋友啦。

## 四、禁不住

★ 禁不住跪拜在沙漠之中，双手捧起沙砾，让沙砾从指缝间沙漏一般流溢而出……

◆ 说明：动词。

**1. 承受不住。可带名词、动词、小句作宾语**

（1）一个人如果没有信心和决心，就禁不住考验。

（2）再结实的鞋也禁不住你这么折腾啊！

**2. 抑制不住，忍不住，必带动词、小句作宾语。主语限于指人**

（3）听他这么一说，大伙儿禁不住笑了起来。

（4）听了她悲惨的身世，我禁不住鼻子一酸，泪珠儿滚了下来。

（5）一阵冷风吹过，衣衫单薄的她禁不住打了个寒噤。

## 五、枚

★ ……于是你自己也成了一枚金色的书签，夹在回忆的纪念册里了。

◆ 说明：量词。跟"个"相近，书面语。

**1. 用于形体偏小的东西，如奖章、硬币、纽扣、邮票、别针、戒指、鸡蛋等**

（1）我的梦想是他能回到国家队，帮助我们赢得下一届奥运会的一枚金牌。

（2）雌性几维鸟一般一两年才下一次蛋，每次一两枚。

（3）这是英国在工程科学方面的主要奖，包括一枚金质奖章和 2.5 万英镑的奖金。

**2.** 用于形体偏大的某些武器，如导弹、原子弹、火箭、炸弹等

（4）1945 年 8 月上旬，美国把两枚原子弹分别投在日本的广岛和长崎，造成几十万人的惨死和放射性伤害，在人们心目中投下了恐怖的阴影。

## 综合练习

### 一、注音并熟读下列词语

（　　　）沧桑　　（　　　）恢宏　　（　　　）衬托

（　　　）洋溢　　（　　　）蕴藏　　（　　　）膜拜

### 二、填上合适的中心语

空旷的_____　　粗犷的_____　　沧桑的_____　　苍老的_____

神秘的_____　　荒凉的_____　　辉煌的_____　　宽广的_____

### 三、给动词填上合适的宾语

荡涤_____　　普照_____　　雕刻_____　　横穿_____

提取_____　　涂抹_____　　增添_____　　打造_____

### 四、填上合适的近义词

柔韧_____　　荡涤_____　　迸射_____　　蕴藏_____

风光_____　　壮丽_____　　膜拜_____　　顽强_____

### 五、把成语补充完整，并根据解释选择合适的成语

不同凡（　　）　　　一望无（　　）　　　金（　　）辉煌

相得益（　　）　　　　（　　）云托月　　　　交相辉（　　）

丰富多（　　）　　　　断壁残（　　）　　　　独一无（　　）

莽莽（　　）　　　　　浩浩（　　）　　　　　儿女情（　　）

1. 只有这一个，没有能与之相比的。　　　　　　　　　　（　　　　）

2. 指过分看重情爱或与家人之间的感情。　　　　　　　　（　　　　）

3. 残破倒塌的墙壁。形容房屋残破的凄凉景象。　　　　　（　　　　）

4. 形容文章、作品等十分出色，与众不同。　　　　　　　（　　　　）

5. 互相配合，互相补充，各自的长处更能充分地显露出来。（　　　　）

6. 比喻从侧面加以点染以烘托所描绘的事物。　　　　　　（　　　　）

## 六、选择合适的词语填空

　　　　如同　　在于　　彼此　　禁不住　　绵延　　闪烁

1. 这件事的成功与否就（　　　　）他了，你们要相信他。

2. 对于这个问题，我们（　　　　）的认识不同。

3. 这条山脉虽然没什么名气，但也从东向西（　　　　）数百里。

4. 一阵寒风吹过，他（　　　　）打了个寒战。

5. 星光（　　　　），是个晴朗的夏夜。

6. 一架没有人跨过的桥，就（　　　　）一个从来没有活过的生命。

## 七、用指定的词语或形式完成句子

1. 老师一再强调写论文不在于字数，＿＿＿＿＿＿＿＿＿＿＿＿。（在于）

2. 这次能不能夺得第一名就＿＿＿＿＿＿＿＿＿＿＿＿＿＿。（在于）

3. ＿＿＿＿＿＿＿＿＿，所以养植物时要注意适时浇水。（因……而……）

4. 他们初次见面，＿＿＿＿＿＿＿＿＿＿，过几天就好了。（彼此）

5. 再强壮的身体也＿＿＿＿＿＿＿＿＿＿＿＿＿＿＿。（禁不住）

6. 虽然运动会上保安和记者们＿＿＿＿＿＿＿＿＿，但两者之间难免会有冲突。（各……各……）

## 八、根据课文内容填空

那些散落在南疆沙漠中的古城遗址，更是南疆的奇迹。它们是南疆（　　）在今天的眼睛，它们是活在历史中的灵魂。记得那一年，我去库车的苏巴什古城，是一个落日（　　）天地之间的黄昏。山是金色的，沙漠是金色的，古城的（　　）也都是金色的。粗犷、（　　）而荒凉的景色，天和地，风和日都加入了景色之中，成了景色（　　）的元素，更容易让人（　　）心胸，感受到与大自然的相通，和历史的接近。

## 九、排列正确顺序

1. A 构成了南疆人文与自然交相辉映的奇迹
   B 南疆的魅力
   C 它们相得益彰
   D 在于在这样壮阔的沙漠背景中隐藏着庙宇、千佛洞和古城遗址
   （　　　　　　　　）

2. A 正是因为有了这样丰富的人文与自然风光的参与
   B 金色的南疆
   C 如同一座用金子打造而成的宫殿
   D 才使得南疆这一份炫目的金色丰富起来
   （　　　　　　　　）

3. A 那么，塔里木河和胡杨林
   B 如果说庙宇、千佛洞、古城遗址
   C 是南疆雄性的体现
   D 则是它女性的象征
   （　　　　　　　　）

4. A 你就会被丰富多彩的金色所包围、所淹没
   B 只要你一踏进南疆
   C 夹在回忆的纪念册里了
   D 于是你自己也成了一枚金色的书签
   （　　　　　　　　）

# 第九课  苏醒中的母亲

## 热身

1. 介绍一下自己的爸爸或妈妈。
2. 自学本课所有成语，试着用自己的语言解释。

## 课文

一

那天清晨6点多钟，书房的电话急促地响起来。我被铃声吵醒，心里怪着这个太早的电话，不接，翻身又睡。过了一会，铃声又起，在寂静中响得惊心动魄。我心里迷迷糊糊闪过一个念头：不会是杭州家里出了什么事吧？顿时惊醒，跳下床直奔电话。一听到话筒里传来父亲低沉的声音，我脑子"嗡"的一下，抓着话筒的手都颤抖了。

年近80高龄的母亲长期患高血压，令我一直牵挂悬心。秋天的这个凌晨，我担心的事情终于发生，母亲猝发脑出血，已经及时送往医院抢救，准备手术。放下电话，我浑身瘫软。然而，当天飞往杭州的机票只剩下晚上的最后一个航班了。

在黑暗中上升,穿越浓云密布的天空,我觉得自己像一个被安装在飞机上的零部件,没有知觉,没有思维。我只是躯体在飞行,而我的心早已先期到达了。

我真的不敢想,万一失去了母亲,我们全家人在以后的日子里,还有多少欢乐可言?

飞机降落在萧山机场,我像一颗子弹,从舱门快速发射出去,"子弹"在长长的通道中一次次迅疾地拐弯。我的腿却绵软无力,犹如一团飘忽不定的雾气,被风一吹就会散了。

## 二

走进重症监护室最初那一刻,我找不到母亲了。我从来没有想到,我竟然会不认识自己的母亲——仅仅一天,脑部手术后依然处于昏迷状态的母亲,整个面部都萎缩变形了,口腔、鼻腔和身上到处插满管子,头顶上敷着大面积的厚纱布。那时我才发现母亲没有头发了,那花白而粗硬的头发,由于手术完全被剃光,露出了青灰色的头皮。没有头发的母亲不像我的母亲了。我突然明白,原来母亲是不能没有头发的,母亲的头发在以往的许多日子里,覆盖和庇护着我们全家人的身心。

手术成功地清除了母亲脑部表层的淤血,家人和亲友们都松了口气,然后在重症监护室外的走廊上整日整夜地守候,焦虑而充满希望地等待,等待母亲从昏迷中苏醒过来。每天上午下午短暂的半小时探视时间,被我们分分秒秒珍惜地轮流使用。我无数次俯身在母亲耳边轻声呼唤:妈妈,妈妈,您听到我在叫您么?妈妈,您快点醒来……

等待是如此漫长,一年?一个世纪?时间似乎停止了。母亲沉睡的身子把钟表的指针压住了。那些日子我才知道,"时间"是会由于母亲的昏迷而昏迷的。

两天以后的一个上午,母亲的眼皮在灯光下开始微微战栗。那个瞬间,我脚下的地板也随之战栗。母亲睁开眼睛的那一刻,阴郁的天空云开雾散，整座城市所有的楼窗都好像一扇一扇地突然敞开了。

然而母亲不能说话。她仍然只能依赖呼吸机维持生命，她的嘴被管子堵住了。许多时候，我默默地站在她的身边，长久地握着她冰凉的手，暗自担心苏醒过来的母亲也许永远不会说话。脑出血患者在抢救成功后，有可能留下的后遗症之一是失语。假如母亲不再说话，我们说再多的话，有谁来回应呢？苏醒后睁开了眼睛的母亲，意识依然是模糊的，只能用她茫然的眼神注视我们。那个时刻，整个世界都与她一同沉默了。

## 三

母亲开口说话，是在呼吸机拔掉后的第二天晚上。那天晚上恰好是妹妹值班，她从医院打电话回来，兴奋地告诉我们"妈妈会说话了"，我和父亲当时最直接的反应是说不出话来。母亲会说话，我们反倒高兴得不会说话了。

妹妹很晚才回家，她说母亲一口气说了好多好多话，反反复复地说：太可怕了……这个地方真是可怕啊……妹妹说：我是婴音。母亲说：你站在一个冰冷的地方……她的话断断续续不连贯，又说起许多从前的事情，意思不大好懂。但不管怎样，我们的母亲会说话了，母亲的声音、表情和思维，正从半醒半睡中一点一点慢慢复苏。

清晨急奔医院病房，悄悄走到母亲的床边。我问："妈妈，认识我吗？"

母亲用力地点头，却叫不出我的名字。

我说："妈妈，是我呀，抗抗来了。"

由于插管子损伤了喉咙，母亲的声音变得粗哑低沉。她复述了一遍我的话，那句话却变成了：妈妈来了。

我纠正她："是抗抗来了。"

她固执地重复强调说："妈妈来了。"

我的眼泪一下子涌上来。"妈妈来了。"——那个熟悉的声音，从我遥远的童年时代传来："别怕，妈妈来了。"——在母亲苏醒后的最初时段，在母亲依然昏沉疲惫的意识中,她脆弱的神经里不可摧毁的信念是:妈妈来了。

妈妈来了。妈妈终于回来了。

从死神那里侥幸逃脱的母亲,重新开口说话的最初那些日子,从她嘴边曾经奇怪地冒出许多文言文的句子。探望她的亲友对她说话,她常常反问:为何?若是问她感觉怎么样,她回答:甚感幸福。那些言辞也许是她童年的记忆中接受的最早教育,也许是她后来的教师生涯中始终难以忘却的语文课堂。那几天,我们曾以为母亲从此要使用文言文了,我们甚至打算赶紧温习文言文,以便与母亲对话。

幸好这类用词很快就消失了。母亲的语言功能开始一天天恢复正常。每一次医护人员为她治疗,她都不会忘记说一声"谢谢"。在病床上长久地输液保持一个姿势让她觉得难受,她便不停地转动头部,企图挣脱鼻管,输氧的胶管常常从她鼻孔脱落,护士一次次为她粘贴胶布,并嘱咐她不要乱动。她惭愧地说:"是啊,我怎么老是要做这个动作呢?"胡主任问她最想吃什么,她说:"想吃蘑菇。"她开始使用一些复杂的句式来表达自己的意思,却又常常词不达意,让病房的医生护士忍俊不禁。她仍然常常把我和妹妹的名字混淆,我们纠正她的时候,她会狡辩说:"你们两个嘛,反正都是一样的。"

如今回想那一段母亲浑身插满了管子的日子,真是难以想象母亲是怎样坚持过来的。她只是静静地忍受着病痛,我从未听到过她抱怨,或是表现出病人通常的那种烦躁。

离开重症监护室之前,爸爸对她说:"我们经历了一场大难,现在灾难终于过去了。"妈妈准确地复述:"灾难过去了。"

## 四

灾难过后的母亲,意识与语言的康复是十分艰难与缓慢的。我明明看见她醒过来了,又觉得她好像还在一个长长的梦里游弋。有时她清醒得无所不知,有时却糊涂得连我和妹妹都分不清楚;她时而离我很近,时而又独自一人走得很远；有时她的思维在天空中悠悠飘忽，看不见来龙去脉，有时却深深潜入水底，只见一个模糊的影子和水上的涟漪……

但无论她的意识在哪里游荡，她的思绪出现怎样的混乱懵懂，她天性里的那种纯真、善良和诗意，却始终被她无意地坚守着。那是她意识深处最顽强最坚固的核，我能清晰地辨认出那里不断地生长出的一片片绿芽，然后从中绽放出绚丽的花朵。

若是问她："妈妈，你今天有哪里不舒服吗？"她总是回答说："我没有不舒服。"

我的表弟、弟媳妇和他们的女儿去看望母亲，在她床前站成一排。母亲看着他们，微笑着说：亲亲爱爱一家人（那是我小时候母亲给我买的一本儿童读物的书名）。母亲也许是听见了不知何处传来的音乐声，她说：敞开音乐的大门，春天来了。医生带着护士查房，在她床前嘘寒问暖。母亲说：这么多白衣天使啊……又说：多么好听的声音。还说：多么美好的名字啊……护士都喜欢与她聊天，她们说：朱老师说话，真的好有意思啊。

有几天我感冒了，担心会传染给母亲，就戴着口罩进病房。母亲不认识戴口罩的我了，久久地注视我，眼睛里流露出疑惑的神情。我后退几步，将口罩摘下说："妈妈，是我呀。"母亲认出我了，笑了。母亲说："你太累了，你回去吧，这里没有什么事情……"

母亲躺在移动病床上，胡医师陪她去做CT，路上经过医院的小花园。胡医师说："朱老师，你很多天没有看到蓝天白云了，你看今天的阳光多好。"母亲望着天空说："是啊，今天真是丰富多彩的一天呀！"

想起母亲刚刚苏醒的那些日子，我妹妹的儿子阳阳扑过去叫外婆的那一刻，母亲还不会说话，但她笑了，笑容使得她满脸的皱纹一丝丝堆积，像金色的菊花那样一卷一卷地在微风中舒展。

母亲永远都在赞美生活。在她的内心深处，没有怨恨，没有忧郁。即使遭受如此病痛，她仍如同一生中的任何时候，坦然承受着所有的磨难，时时处处总是为别人着想。即使在她大病初愈脑中仍然一片混沌之时，她依然本能地快乐着，对这个世界心存感激。

也许是得益于平和的心态，母亲在住院几个月之后，终于重新站立起来、重新走路、自己吃饭、与人交谈，生活也逐渐能够自理，几乎奇迹般康复了。

我为自己有这样一个美好的母亲而骄傲。

我之所以写下这些，是因为我看到了母亲在逐渐苏醒的过程中，在她的理智与思维逻辑都尚未健全的状态下，所表现出来的人性中那种最本真、最纯粹、绝无矫饰伪装的童心和善意。母亲在健康时曾经给予我的所有理性的教诲，都在她意识朦胧而昏沉的那些日子里，得到了最诚实的印证。

（选自张抗抗《回忆找到我》，长江文艺出版社2017年4月，有改动。）

## 注释

1. 杭州：浙江省省会。民间有"上有天堂，下有苏杭"之说。
2. 萧山机场，浙江杭州的机场名。

## 生词语

| | | | | | |
|---|---|---|---|---|---|
| 1. | 苏醒 | sūxǐng | 动 | 昏迷后醒过来。 | 三 |
| 2. | 惊心动魄 | jīngxīn-dòngpò | | 形容使人感受很深，震动很大。 | |
| 3. | 迷迷糊糊 | mímíhūhū | | （神智或视觉）模糊不清。 | |
| 4. | 顿时 | dùnshí | 副 | 立刻（多用于叙述过去的事情）。 | 三 |
| 5. | 颤抖 | chàndǒu | 动 | 哆嗦，发抖。 | 三 |
| 6. | 牵挂 | qiānguà | 动 | 挂念。 | 三 |
| 7. | 猝发 | cùfā | 动 | 突然发作。 | |
| 8. | 瘫软 | tānruǎn | 动 | （肢体）绵软，难以动弹。 | |
| 9. | 飘忽不定 | piāohū-bùdìng | | 不确定，无法琢磨的。 | |
| 10. | 监护 | jiānhù | 动 | 仔细观察并护理。 | 三 |
| 11. | 敷 | fū | 动 | 搽上，涂上。 | F |
| 12. | 剃 | tì | 动 | 用特制的刀子刮去（头发、胡须等）。 | 三 |
| 13. | 庇护 | bìhù | 动 | 保护。 | |

| | | | | | |
|---|---|---|---|---|---|
| 14. | 战栗 | zhànlì | 动 | 发抖，哆嗦。 | |
| 15. | 失语 | shīyǔ | 动 | 指说话困难或不能说话。 | |
| 16. | 复苏 | fùsū | 动 | 苏醒过来。 | |
| 17. | 损伤 | sǔnshāng | 动 | 损害，伤害。 | 三 |
| 18. | 固执 | gùzhi | 形 | （性格或态度）古板执着，不肯变通。 | 三 |
| 19. | 侥幸 | jiǎoxìng | 形 | 由于偶然的原因得到成功或免去灾害。 | |
| 20. | 温习 | wēnxí | 动 | 复习。 | F |
| 21. | 幸好 | xìnghǎo | 副 | 表示由于偶然出现的有利条件而避免了某种不利的事情。 | 三 |
| 22. | 词不达意 | cíbùdáyì | | 语句不能准确地表达出意思和感情。 | |
| 23. | 忍俊不禁 | rěnjùn-bùjīn | | 无法控制自己，忍不住要发笑。 | |
| 24. | 混淆 | hùnxiáo | 动 | 界限模糊，分不清楚。 | 三 |
| 25. | 狡辩 | jiǎobiàn | 动 | 狡猾地强辩。 | |
| 26. | 烦躁 | fánzào | 形 | 烦闷急躁。 | 三 |
| 27. | 游弋 | yóuyì | 动 | 泛指在水中游动。 | |
| 28. | 来龙去脉 | láilóng-qùmài | | 比喻人、物的来历或事情的前因后果。 | F |
| 29. | 涟漪 | liányī | 名 | 细小的波纹。 | |
| 30. | 懵懂 | měngdǒng | 形 | 糊涂，不明事理。 | |

| 31. | 嘘寒问暖 | xūhán-wènnuǎn | | 形容对别人的生活十分关切。 | |
| --- | --- | --- | --- | --- | --- |
| 32. | 磨难 | mónàn | 名 | 在困苦的境遇中遭受的折磨。 | 三 |
| 33. | 愈 | yù | | （病）好。 | F |
| 34. | 得益于 | déyì yú | | 从中受益，从中得到好处。 | 三 |
| 35. | 平和 | pínghé | 形 | （性情或言行）温和。 | 三 |
| 36. | 自理 | zìlǐ | 动 | 自己料理；自己承担。 | 三 |
| 37. | 康复 | kāngfù | 动 | 恢复健康。 | 二 |
| 38. | 伪装 | wěizhuāng | 动 | 假装。 | F |
| 39. | 教诲 | jiàohuì | 动 | 教训，教导。 | |
| 40. | 朦胧 | ménglóng | 形 | 月光不明；不清楚，模糊。 | F |
| 41. | 印证 | yìnzhèng | 动 | 证明与事实相符。 | 三 |

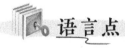

## 一、万一

★ 万一失去了母亲，我们全家人在以后的日子里，还有多少欢乐可言？

◆ 说明：连词和名词。

**1. 连词。表示可能性极小的假设，用于不希望发生的事情**

（1）万一计算错误，就会影响整个工程。

（2）到外地后，万一遇到问题，就去找当地的警察帮助你。

**2. 名词。指可能性极小的意外变化，常与"以防、防备、就怕"等词语搭配使用**

（3）总之要做好一切准备，以防万一。

（4）不怕一万，就怕万一。

## 二、反正

★ 你们两个嘛，反正都是一样的。

◆ 说明：副词。

**1. 表示不管在什么情况下，结果、结论不会变。上文常有"无论、不管"或表示正反两种情况的词语。多用在句首**

（1）不管我们寝室的同学去不去，反正我不去。

（2）反正我们是自负盈亏，赚了赔了，都是自己的事情。

**2. 强调条件和理由，意思与"既然"相近**

（3）反正不远，咱们就走着去吧。

（4）你别着急，反正也不是什么重要事。

## 三、明明

★ 我明明看见她醒过来了，又觉得她好像还在一个长长的梦里游弋。

◆ 说明：副词。表示显然如此或确实。上文或者下文常常表示反问或者转折的意思。

（1）你明明知道下午开会，怎么还跑出去看电影呢？

（2）听力课本我明明放在书桌上了，怎么就找不到了呢？

（3）他明明亲眼看见，却装作什么也不知道。

## 四、时而……时而……

★ 她时而离我很近，时而又独自一人走得很远。

◆ 说明："时而……时而……"表示两种不同的现象或事情在一定时间内交替发生。

（1）车祸后送来的伤员一直在重症室抢救，他时而清醒时而昏迷。

（2）走廊里传来时而高亢时而轻柔的歌声。

"时而"单用，表示不定时地重复发生，多用于书面语。

（3）楼下时而有叫卖声传来。

（4）漫步在校园里，时而飘过来一阵花香。

### 五、尚未

★ 我之所以写下这些，是因为我看到了母亲在逐渐苏醒的过程中，在她的理智与思维逻辑都尚未健全的状态下，所表现出来的人性中那种最本真、最纯粹、绝无矫饰伪装的童心和善意。

◆ 说明：副词。至今未曾，还没有。

（1）他尚未接到面试的相关通知。

（2）儿童的眼睛和其他器官一样，非常娇嫩，尚未发育完善，只要稍不注意，就容易生病。

## 综合练习

### 一、注音并熟读下列词语

（　　　）　　　（　　　）　　　（　　　）
　颤抖　　　　　猝发　　　　　苏醒

（　　　）　　　（　　　）　　　（　　　）
　战栗　　　　　涟漪　　　　　磨难

### 二、把成语补充完整，并根据解释选择合适的成语

来龙去（　　）　　忍俊不（　　）　　词不达（　　）

惊心动（　　）　　飘忽不（　　）

1. 形容使人感受很深，震动很大。（　　）
2. 不确定，无法琢磨的。（　　）
3. 比喻人、物的来历或事情的前因后果。（　　）

4. 无法控制自己，忍不住要发笑。（　　）
5. 语句不能准确地表达出意思和感情。（　　）

## 三、给动词填上合适的宾语

猝发_____　　牵挂_____　　温习_____
舒展_____　　摧毁_____　　承受_____

## 四、填上合适的中心语

懵懂的_____　　烦躁的_____　　固执的_____
茫然的_____　　颤抖的_____　　低沉的_____

## 五、用指定的词语或形式完成句子

1. 这次台风可能会很厉害，一定要做好准备，_____。（万一）

2. 一个人出去旅行，_____，就找当地的警察帮忙。（万一）

3. 你要是想去就自己去吧，_____。（反正）

4. _____，咱们就别打车了，走着去吧！（反正）

5. _____，为什么还去那么远的地方玩呢？（明明）

6. 楼上有人在唱歌，_____。（时而……时而……）

## 六、根据课文内容填空

灾难过后的母亲，意识与语言的康复是十分艰难与（　　）的。我明明看见她醒过来了，又觉得她好像还在一个长长的梦里（　　）。有时她清醒得无所不知，（　　）却糊涂得连我和妹妹都分不清楚；她（　　）离我很近，时而又独自一人走得很远；有时她的思维在天空中悠悠（　　），看不见（　　），有时却深深潜入水底，只见一个模糊的影子和水上的涟漪……

## 七、仿照下列句式造句

1. 我真的不敢想，万一失去了母亲，我们全家人在以后的日子里，还有多少欢乐可言？（万一）

   _____

   _____

   _____

2. 那些日子我才知道，"时间"是会由于母亲的昏迷而昏迷的。（由于……而……）

   _____

   _____

   _____

3. 母亲会说话，我们反倒高兴得不会说话了。（反倒）

   _____

   _____

   _____

4. 即使在她大病初愈脑中仍然一片混沌之时，她依然本能地快乐着，对这个世界心存感激。（即使……依然……）

   _____

   _____

   _____

5. 我为自己有这样一个美好的母亲而骄傲。（为……而……）
   _____
   _____

## 八、排列正确顺序

1. A 坦然承受着所有的磨难
   B 即使遭受如此病痛
   C 时时处处总是为别人着想
   D 她仍如同一生中的任何时候
   (　　　　　　　　)

2. A 即使在她大病初愈脑中仍然一片混沌之时
   B 对这个世界心存感激
   C 她依然本能地快乐着
   (　　　　　　　　)

3. A 是因为我看到了母亲在逐渐苏醒的过程中
   B 我之所以写下这些
   C 所表现出来的人性中那种最本真的童心和善意
   D 在她的理智与思维逻辑都尚未健全的状态下
   (　　　　　　　　)

4. A 都在她意识朦胧而昏沉的那些日子里
   B 母亲在健康时曾经给予我的所有理性的教诲
   C 得到了最诚实的印证
   (　　　　　　　　)

 趣味汉语

## "闭门羹"的由来

"闭门"容易理解,但闭门为什么和"羹"有关联呢?羹最初是指肉类,后来有用蔬菜做羹的,羹便成了普通膳食的统称,进而对凡是熬煮成有浓汁的食品都称为羹,比如鸡蛋羹、红豆羹、莲子羹,等等。此词出自唐代的《云仙杂记》,文中提到,不愿意和人相见时,就用羹来招待客人而婉言拒绝,客人见了羹也就心领神会而自动告退了。可见当时作"羹"待客是作为拒见之意。现在说的"闭门羹",则只是拒绝的意思,只有闭门而没有羹了。

(选自黄蓉《最新开心辞典》,中国致公出版社2001年版,有改动。)

# 第十课　网络对青少年的心理诱惑

1. 你一般上网做什么？
2. 你觉得网络吸引年轻人的原因有哪些？
3. 说说网络的益处和弊端。

人类一直生活在可视、可见、可触、可摸的现实世界中，并形成了一整套习惯化了的生活方式。当我们的生活迅速地被互联网覆盖的时候，当人类的多种传播形式汇集到互联网上的时候，你会发现，这里是一个全新的、消灭了传统时空界限的迷人空间。

自由、快乐、游戏、幻想是青少年天性中的一部分，而应试教育的压力，至今还是他们没有办法摆脱的一种沉重负担。当在现实中的压抑无法得到排解、宣泄时，网络成了他们最善解人意的好朋友。在网上，青少年可以学习、游戏、交友、发布信息、聊天、看影视剧、讨论时事等；在某些虚拟社区里，他们可以植树、领养宠物、尝试角色扮演的游戏等。虚拟商店、虚拟学校、虚拟实验室、虚拟战场……虚拟世界可以说是无奇不有，无所不有。虚拟空间可以满足青少年的诸多需要，于是有些人用网络来逃避现实，用网络来麻醉自己，哪怕虚拟空间的暂时逃避会使他们在现实中感受与经历更大的挫折。

网络究竟存在哪些心理诱惑？满足了青少年什么样的心理需求呢？

## 错觉诱惑

"没有人知道你是一条狗。"这是一句流行于网民中的口头禅，萝卜、白菜、二狗蛋，随便起个名字就登录了互联网。在这个虚拟的环境里，你不需要知道对方是谁，也没有必要让别人知道你是谁。这是一个无形的虚拟空间，它以知识、消息、声音、图像、文字等作为自己的形式，每一个网民都是这个虚拟世界中的一员，通过互联网无处不在的终端、触手、键盘、鼠标互相联系、沟通。随着三维动画、网络聊天机器人的出现及虚拟现实技术的不断完善，虚拟网络空间里越来越呈现出逼真的现实环境，形成一个全新的时空——虚拟现实环境。

虚拟的网络世界没有空间和地域的限制，其成员可能是对门邻居，也可能来自北国南疆，甚至是不同国籍、不同肤色的人群，令人与人之间交流的范围骤然扩大。虚拟性改变了所有人的角色和道德责任，我不再是我。青少年可以在虚拟空间里任意地隐匿性别、年龄、种族和社会地位。因此，他们可以随心所欲，任性而为，尽情地包装和展示自己，宣泄情感，可以使生活中受到的压力得到释放和舒缓。

正是网络中的"匿名角色"现象，使得大多数网友都以部分甚至完全虚假的信息来保护隐私或美化自己去吸引别人。人们在现实交往中得到的信息如性别、年龄等基本是真实的、直接的，而网上的交往是非直接的，得到的是经过加工的信息和精心包装的形象，其真实性、可信度大打折扣了。

于是，很多人的错觉就产生了，在一切匿名的基础上，产生了网络世界种种光怪陆离和为所欲为的心态与行为。可惜事实并不完全如此，许多网民没有想到的是网络另一端的网友可以通过简单的电脑和网络技术，把自己的一切隐私信息了解得清清楚楚！他不但能准确地发现你在现实生活中的具体地理位置、浏览网站的历史、上网习惯，还可以查到你的姓名、家庭电话号码等。这决不是危言耸听，而是网络世界里正在发生的现实，只是大多数网民对此一无所知罢了。

## 自尊需要——自我满足的诱惑

现实中的失败可以在虚拟空间得到满足，可以在虚拟空间中得到替代性实现。家长、教师常把考学作为衡量青少年有前途的唯一指标，不管他们是否愿意，是否接受，不管是否具备相应的资质等，对考名牌大学的期盼像一块石头压在了他们的心头。然而进入名牌大学的只是极少数，众多的青少年面对的是失败。在学校、在班级中，第一只有一个，许多对学习感到无望的青少年，也有满足自尊、实现自我价值的需要。

根据人本主义心理学家马斯洛的需要层次理论，人具有生理、安全、交友、自尊、自我实现的需要，这些需要由低到高，第一层次的需要满足后就要获得高层次需要的满足。绝大多数家长认为，为青少年提供衣食住行就足够了，却忽视了他们的社会需要与心理需要。而这些现实生活中难以满足的需要，青少年却可以轻而易举地在虚拟世界里得到满足。

首先，由于虚拟网络仿真性，虚拟世界可以逼真地模拟现实生活，使他们在心理上获得同样的满足感，而且这种满足可以畅所欲言，不必承担任何后果。青少年在网上的观点越是新奇、怪异，得到的反响就越大，回应就越多，网络使他们可以充分展现自我、实现自我。与现实相比，这种满足仅仅需要付出一笔上网费。

其次，由于网络的交互性，一个人可以同时与很多人交流，即使远隔重洋也可以进行互动。尤其是平时比较内向、缺少关爱的孩子，深感孤独和无聊，在网上，他们可以交到很多好朋友，可以毫无保留地说出自己的烦恼，充分满足自己的交友需要和自尊需要。如果遇到困难，会有许多人献计献策，使他们感到现实生活中体会不到的温暖。

最后，由于网络的实时性，青少年可以在瞬间满足其社会需要，而在现实世界里，他们必须经历漫长的过程和耐心的等待。在游戏中，他们可以扮演各种角色，把握角色的命运，一夜之间就成为"盖世英雄"或"商界奇才"。很多孩子因为学习成绩不好，经常遭到家长的斥责、老师和同学的蔑视。上网玩游戏，不断"练功升级"，成为他们找回自尊、实现人生价值的重要途径。

## 好奇求知——满足认知诱惑

互联网每天都是新的，其信息量是任何传统媒体所无法企及的，各种各样的新闻、游戏的发布，内容无奇不有，无所不包，凡是青少年喜爱的，都可以在网上找到相关的内容，而且集文字、图片、声音、动漫、视频于一体。青少年渴望了解更多新奇的刺激内容。

好奇是一种以认知为基础的情绪，任何人对新异的刺激都会产生好奇。"好奇是由新异刺激引起的一种生理唤醒水平或认知冲突的探究倾向。"一般认为好奇是青少年探索世界的动力，在网络丰富的新知面前，青少年探索着，时光在飞速流逝着。神奇的网络像磁石一般紧紧地吸引着青少年的心。探索着、兴奋着、愉快着，心紧紧和光标连在一起，时光在手指上轻轻滑过。

## 自由独立——渴望成人的诱惑

网络给青少年带来了无拘无束的自由表达。其实，青少年在互联网上的心理和行为的表现是他们在现实社会中欲望、需要、动机、情感以及各种社会关系的折射，所以，青少年在虚拟世界中的表现往往更加彻底地揭示出他们的本来状态，展示出他们更加丰满、更加立体、更加真实的心理状态。

自我暴露就是在虚拟空间向他人讲述有关自己的信息，即将纯属自身的真实、重要、隐秘细节和内心想法向他人展示。这也是一个认识自我的过程。作为具有躯体、心理和社会独特特征的同一身份的自我，在现实社会中摘下面具，赤裸裸地向他人、向社会显示自己的"真实、重要、隐秘的私人细节"往往需要极大的勇气。因为他们必须随时承担来自他人的、社会的种种责难和压力，但是人们的欲望是难以压抑的。比如，有的人忍受不了"本我"的煎熬，迫不及待地想向别人暴露自己的隐私；有的人不愿意受制于人，希望体验统管他人的快乐；有的人孤独，期望在网上找到知心朋友。在数字时代的虚拟社会里，网络空间的独特虚拟性质，正好满足了青少年寻求独立、摆脱控制的心理需求。他们敢于随心所欲地暴露自我、张扬自我、宣泄自我，有意识地在网上颠覆自己的社会角色，充当一回自己心目中的上帝。有中学生在坦言为什么迷恋网络时讲，因为家庭不和谐，没有温暖；在学校班级里，由于学习成绩差，体验不到学习的快乐，甚至感到压抑和自卑。但是，在网络游戏里，他们体验到了心理的快乐与满足，体验到了成功，体验到了来自别人的祝贺。在游戏的世界里，他们感到了自己的价值。

## 我娱乐，我快乐——娱乐诱惑

中国互联网络信息的报告数据表明，青少年网民对互联网娱乐功能的使用超过任何一种其他功能。这一现象也说明网络时代的视听等媒体文化在加强着青少年的感官功能。

对青少年网民来说，互联网所扮演的各种角色的应用程度排序为：娱乐、沟通工具、信息渠道、生活助手。娱乐功能是第一位的，青少年寻求着娱乐，追求着快乐。这种现象需要引起人们的注意，需要通过宣传教育和正确引导，使青少年学生网民将互联网作为娱乐工具的同时，更多地关注和应用互联网的其他功能，特别是对学习的辅助功能。

（选自《青少年网络心理》，中国传媒大学出版社2008年12月，作者陈光磊、黄济民，有改动。）

## 注释

马斯洛：美国著名的社会心理学家，人本主义心理学的主要发起者，提出了马斯洛需求层次理论。

## 生词语

| | | | | | |
|---|---|---|---|---|---|
| 1. | 诱惑 | yòuhuò | 动 | 使用手段，使人认识模糊而做坏事；吸引，招引。 | 三 |
| 2. | 天性 | tiānxìng | 名 | 指人先天具有的品质或性情。 | 三 |
| 3 | 宣泄 | xuānxiè | 动 | 倾吐发泄（心中的某种情绪）。 | F |
| 4. | 善解人意 | shànjiěrényì | | 善于理解别人的意图，与人和睦相处。 | |
| 5. | 无奇不有 | wúqí-bùyǒu | | 什么稀奇古怪的事都有。 | |
| 6. | 逃避 | táobì | 动 | 躲开不愿意或不敢接触的事物。 | 三 |
| 7. | 麻醉 | mázuì | 动 | 比喻用某种手段使人认识模糊，意志消沉。 | 三 |
| 8. | 口头禅 | kǒutóuchán | 名 | 指经常挂在口头的词句。 | |
| 9. | 无处不在 | wúchùbùzài | | 形容到处都存在，到处都有。 | |
| 10. | 呈现 | chéngxiàn | 动 | 展现。 | 三 |
| 11. | 逼真 | bīzhēn | 形 | 极像真的，真切。 | 三 |
| 12. | 骤然 | zhòurán | 副 | 突然，忽然。 | F |

| 13. | 任意 | rènyì | 副 | 没有拘束，不加限制，爱怎么样就怎么样。 | 三 |
| 14. | 隐匿 | yǐnnì | 动 | 隐藏，躲起来。 | F |
| 15. | 尽情 | jìnqíng | 副 | 尽量由着自己的情感，不加约束。 | 三 |
| 16. | 展示 | zhǎnshì | 动 | 清楚地摆出来，明显地表现出来。 | 二 |
| 17. | 匿名 | nìmíng | 动 | 不具名或不写真实姓名。 | |
| 18. | 错觉 | cuòjué | 名 | 不正确的感觉。 | F |
| 19. | 光怪陆离 | guāngguài-lùlí | | 形容现象奇异，色彩繁杂。 | |
| 20. | 危言耸听 | wēiyán-sǒngtīng | | 故意说吓人的话使听的人震惊害怕。 | |
| 21. | 一无所知 | yīwú-suǒzhī | | 一点儿都不知道。 | |
| 22. | 指标 | zhǐbiāo | 名 | 计划中规定达到的目标。 | 二 |
| 23. | 轻而易举 | qīng'éryìjǔ | | 形容毫不费力地就能把事情办成。 | F |
| 24. | 畅所欲言 | chàngsuǒyùyán | | 尽情地说出想说的话。 | |
| 25. | 承担 | chéngdān | 动 | 担负，担当。 | 二 |
| 26. | 远隔重洋 | yuǎngé-chóngyáng | | 离得非常远。 | |
| 27. | 献计献策 | xiànjì-xiàncè | | 贡献计策。 | |
| 28. | 盖世 | gàishì | 动 | （才能、功绩等）高出当代之上。 | |
| 29. | 蔑视 | mièshì | 动 | 轻视，看不起。 | |

| 30. | 磁石 | císhí | 名 | 磁铁。 | |
| 31. | 无拘无束 | wújū-wúshù | | 不受任何约束，形容自由自在。 | |
| 32. | 折射 | zhéshè | 动 | 比喻把事物的表象或实质表现出来。 | 三 |
| 33. | 赤裸裸 | chìluǒluǒ | 形 | 形容毫无遮盖、掩饰。 | |
| 34. | 煎熬 | jiān'áo | 动 | 比喻折磨。 | |
| 35. | 颠覆 | diānfù | 动 | 推翻。 | 三 |
| 36. | 坦言 | tǎnyán | 动 | 坦率地说。 | |
| 37. | 和谐 | héxié | 形 | 和睦协调。 | |
| 38. | 自卑 | zìbēi | 形 | 低估自己的能力，觉得自己各方面不如人。 | 三 |

## 语言点

### 一、哪怕

★ 用网络来逃避现实，用网络来麻醉自己，哪怕虚拟空间的暂时逃避会使他们在现实中感受与经历更大的挫折。

◆ 说明：连词。

**1. 表示假设兼让步，常与"也"、"都"、"还"、"总"等副词前后呼应**

（1）哪怕工作再忙，他都要挤出时间学习汉语。

（2）明天哪怕刮大风、下大雨，我也要去学校上课。

**2. 由"哪怕"引起的表示假设的分句一般在前，有时也可为后一分句，目的是突出主句**

（3）老师批改作业认真仔细，哪怕一个标点符号也不放过。

（4）你抽空给家里打个电话吧，哪怕只是简单地问候一下。

## 二、只是

★ 这决不是危言耸听，而是网络世界里正在发生的现实，只是大多数网民对此一无所知罢了。

◆ 说明：副词，仅仅是、不过是。

**1. 强调动作、行为限于某个较小的范围，做状语**

（1）我只是做了我应该做的事情。
（2）你只是看到事物的一个方面，还没有看到其他方面。

**2. "只是"常与"罢了"、"而已"搭配使用，表示事情不过如此**

（3）我什么都知道，只是不说而已。
（4）他不是不会写，只是不肯写罢了。

## 三、对……而言/对……来说

★ 对广大青少年而言，进入名牌大学的只是极少数。

★ 对青少年网民来说，互联网所扮演的各种角色的应用程度排序为：娱乐、沟通工具、信息渠道、生活助手。

◆ 说明："对……而言/对……来说"表示从某人、某事的角度来看。

（1）对农民工而言，回乡过年不仅是对自己最好的奖励，也是对家人的一种安慰。
（2）对一个想成为艺术家的年轻人来说，任何苦难都是有益的，都是上天的恩赐。
（3）对一个演员来说，不能上场演戏，每分钟都是煎熬。

## 四、尤其

★ ……由于网络的交互性，一个人可以同时与很多人交流，即使远隔重洋也可以进行互动。尤其是平时比较内向、缺少关爱的孩子，深感孤独和无聊……

◆ 说明：副词。"尤其"有"特别"的意思，表示在全体中或与其他事物比较时特别突出，一般用在句子的后一部分。

**1. 尤其＋形容词/动词**

（1）多喝酒对身体不好，尤其影响心脏。

（2）同学们表现都很好，小刚的进步尤其令人高兴。

（3）今年各季度钢产量都比去年同期高，第四季度尤其显著。

**2. 尤其＋是，主要用来引入同类事物中需要强调的一个或一类**

（4）班干部要团结全班同学，尤其是要团结跟自己意见不同的同学。

（5）班上的同学学习都很认真，尤其是小李。

**3. 同"固然"配合使用，表示先承认原来的情况，再扩充到更重要的方面**

（6）数量固然要紧，质量尤其重要。

（7）想学习好，固然要注意方法，尤其要端正态度。

⊙ 词语辨析：特别、尤其

"特别"做副词时，以下两个义项是"尤其"没有的。

1. 表示"非常"，与一般不同

（1）他今天早上起得特别早。

（2）这个节目特别吸引观众。

2. 特地、着重，修饰动词

（3）这些是我特别为你准备的。

### 五、无……无……

★ 网络给青少年带来了无拘无束的自由表达。

◆ 说明：四字词语格式。

**1.** "无"分别用在两个意义相同或相近的词或语素前,强调没有,如无影无踪、无拘无束、无依无靠、无凭无据、无声无息

(1) 魔术师的手轻轻一抖,丝巾就消失得无影无踪了。

**2.** "无"分别用在两个意义相反或相对的词或语素前面,多表示应区别而未区别,如无大无小、无日无夜

(2) 事情无大无小,都要认真干。

## 综合练习

### 一、注音并熟读下列词语

( )　　　　　( )　　　　　( )
排解　　　　　匿名　　　　　骤然

( )　　　　　( )　　　　　( )
宣泄　　　　　逼真　　　　　颠覆

### 二、给动词填上合适的宾语

排解_____　　宣泄_____　　颠覆_____　　蔑视_____

承担_____　　逃避_____　　展示_____　　诱惑_____

### 三、把成语补充完整

追不及( )　　善解人( )　　无( )不有　　光( )陆离

甘( )下风　　无拘无( )　　突飞猛( )　　一无( )知

### 四、解释画线部分的意思

1. "没有人知道你是一条狗。"这是一句流行于网民中的<u>口头禅</u>……

_____

_____

2. 在游戏中，他们可以扮演各种角色，把握角色的命运，一夜之间就成为"盖世英雄"或"商界奇才"。
_____
_____

3. 网络给青少年带来了无拘无束的自由表达。
_____
_____

4. 他们敢于随心所欲地暴露自我、张扬自我、宣泄自我，有意识地在网上颠覆自己的社会角色……
_____
_____

## 五、仿照下面的固定形式写出词语

1. 赤裸裸（ABB）
_____

2. 无奇不有、无处不在（无……不……）
_____

3. 无拘无束（无……无……）
_____

4. 一无所知（一……所……）
_____

## 六、用指定的词语或形式完成句子

1. _____，他也要抽出时间学习汉语。（哪怕）

2. _____，还没有看到她性格的另一面。（只是）

3. _____，春节是个非常重要的传统节日。（对……而言）

4._____，学习汉语不仅为了工作，还为了旅游。（对……来说）

5.同学们的汉语都很流利，_____。（尤其）

## 七、根据课文内容选择合适的词语

自我暴露就是在虚拟空间向他人讲述有关自己的信息，（A 既　B 即）将纯属自身的真实、重要、隐私细节和内心想法向他人（A 展示　B 启示）。这也是一个认识自我的过程。作为具有躯体、心理和社会（A 孤独　B 独特）特征的同一身份的自我，在现实社会中摘下面具，赤裸裸地向他人、向社会显示自己的"真实、重要、隐秘的私人细节"（A 往往　B 往常）需要极大的勇气。因为他们必须（A 随便　B 随时）承担来自他人的、社会的种种（A 责任　B 责难）和压力，但是人们的欲望是难以（A 抑郁　B 压抑）的。

## 八、根据课文内容填空

现实中的失败可以在虚拟空间得到（　　），可以在虚拟空间中得到替代性实现。家长、教师常把考学作为（　　）青少年有前途的唯一（　　），不管他们是否愿意，是否接受，（　　）是否具备相应的资质等，对考名牌大学的（　　）像一块石头压在了他们的心头。然而进入名牌大学的只是极少数，众多的青少年面对的是失败。在学校、在班级中，第一只有一个，许多对学习感到无望的青少年，也有满足（　　）、实现自我价值的需要。

# 第十一课 冷 浪 漫

 **热身**

1. 我们身边的植物为什么有的开红花，有的开黄花？
2. 用自己的话解释一下"门当户对"的意思。
3. 你了解自己使用的护肤品吗？你知道护肤品的秘密吗？

 **课文**

## 植物的彩色智慧

伴着轻柔的春风细雨，小草悄悄探出嫩绿的脑袋，桃花在枝头毫不吝惜地绽放出娇艳的粉色，金黄的油菜田引来大批勤劳的小蜜蜂，一个多彩的生长季节就这样拉开了表演大幕，紧随其后的是夏天浓绿下的树荫，还有秋天飘落的片片火红和金黄。无法想象，若没有这些可爱的植物，地球将变得如何暗淡无光。形形色色的植物就像充满灵感的画家，把或灰或黄的大地装扮得五颜六色，生机盎然。

不过，植物在大地上"涂抹色彩"可不是为了自娱自乐或表达感情，而是为了更好地在这个可爱的地球上生存和繁衍下去。

如果让大家选择一种代表生命的颜色,相信99%的人都会选择绿色。绿色的森林给我们提供了清新的空气,绿色的农田为我们送上了丰盛的晚餐,门前那块绿色的草坪给了我们每天的好心情。古今诗人、作家都将热情洋溢的赞美之词送给了这抹绿色。这个时候,绿色的主人们肯定会在一旁暗自发笑,因为这抹浸透了生命礼赞的色彩不过是植物吃剩下的"残羹冷炙"。

挂在天边的彩虹告诉我们,太阳送来的白光实际上是一道七色光组成的大拼盘儿,而挑食的绿色植物只对其中特定的光感兴趣。这是因为,植物叶片中负责吸收光能的叶绿素a和叶绿素b只会捕捉红光和蓝紫光,胡萝卜素只会捕捉蓝光,而那些无人问津的绿光就被叶片反射回来,或者透射过去。植物不吃"没有营养"的绿色光,所以我们的世界变成了绿色的世界,事情就是这么简单。

春天,每朵鲜花都在尽可能展示自己的美丽,吸引传粉动物,利用这些搬运工把花粉运到其他同种植株的柱头上,完成一年一度的"人生大事"。一时间,百花齐放,蜂飞蝶舞,好不热闹,招蜂引蝶成了植物的头等大事。不过,要是所有的花朵都既招蜂又引蝶,传粉者身上的花粉就会混成一锅粥——油菜花的花粉被搬到桃花的柱头上,而桃花的花粉又占据了苹果花的柱头,结果绝对不会是《上错花轿嫁对郎》那般浪漫的爱情故事,只会造成花粉和胚珠的双重浪费,这是各种植物都不愿意看到的。除了错开花时,最重要的解决手段就是让每种植物雇用各自特定的传粉者,做到招蜂不引蝶。

不同动物对颜色的喜好不同。蜂类喜欢黄色和蓝色,鸟类喜欢红色,蛾类喜欢白色,所以花朵会针对传粉者释放特定的颜色信号。不仅如此,花朵还会利用传粉者的一些小嗜好,加强它们在传粉工作中的专一性。黄色的腊梅为喜欢闻香的蜂类准备了香甜气味作为导航标志。没有丝毫气味的红色芦荟则准备了大量花蜜,因为它们的鸟类传粉者需要更多食物,但鸟儿的鼻子却很不好用。虽然这样的分类导航还略显粗糙,但已能在很大程度上保证传粉的质量。

虽然大多数花朵在竭力跟动物套近乎，不过有些花朵却不屑和动物打交道，黑色（实际上是深紫色）的老虎须就是其中之一。这种生活在雨林之中、"没虫怜爱"的花朵有一套完善的自花授粉机制，它们可以把自家新郎（花粉）送入自己的洞房（子房），完全自力更生开花结实，倒也自得其乐。

## 基因决定我爱你

长辈们总劝导年轻人在择偶时要"门当户对"，意指男女双方要在教育、社会地位、兴趣爱好、生活习惯等方面水平相近。社会学家的研究也证明，文化背景、宗教信仰、价值观比较接近或者相似的男女，婚姻更和谐稳定。总而言之，世俗的看法认为，社会属性越相似的男女越易结良缘。不过，生物学家的研究却表明，男女在某些基因上的差异越大，越容易相互吸引并结为夫妻。

1976年，日本的科学家首次发现，雄老鼠更愿意与"主要组织相容性复合体"（简称MHC）不同的雌老鼠交配。MHC是一组编码组织相容性抗原的基因群，在免疫系统中有重要作用，控制着免疫排斥反应。MHC基因还与体味、面部特征有关。日本的研究小组还发现，老鼠会通过辨别异性的尿液气味，来选择MHC基因差异大的配偶。

这一发现引起了同行们的浓厚兴趣，很快被用于研究MHC基因差异与人类择偶行为之间的关系。1995年，瑞士的科学家让一组男大学生连续两晚穿上指定的T恤，然后让另一组年龄相仿的女学生们闻这些T恤上的味道，并标出令她们感到最愉悦的汗衫。结果研究者发现，这些年轻女孩更钟情于MHC基因与她们不同的男生。然而有趣的是，研究者还发现，正在服用避孕药的女生恰恰相反，她们选择了MHC基因与自己相似的男生。科学家推测，由于口服避孕药改变了女性体内的激素水平，模拟女性怀孕期的生理状态，这时的女性更倾向于选择男性血缘亲属（比如兄弟、父亲）共同照顾幼儿，而MHC基因相似则意味着他们更可能是有共同远祖的亲属。

那么在人类实际的婚姻中是不是真的如此呢？1997年，芝加哥大学的研究者检测和分析了四百多对哈特莱特人夫妻的MHC基因，发现哈特莱特人在择偶时，趋向于避免与MHC基因相同的人结婚。牛津大学的科学家也发现，欧裔美国人夫妻之间MHC基因差异要显著大于随机配对的男女。

科学家推测，动物和人类趋向于选择MHC基因差异大的异性，可能是为了增大后代免疫系统基因的多样性，增强后代抵御病原体的免疫能力。另一方面，还有研究表明，在老鼠、短尾猴和人类群体中，MHC基因相似的夫妻在生育孩子时更容易出现自发性流产，或者延长生育的间隔期。因此，避免选择MHC基因与自己相似的配偶，也可能是为了避免同系繁殖带来的不良后果。从进化上来说，基因的多样性有利于降低有害突变的积累，增强后代适应环境变化的能力，从而提高后代的存活率。所以，人们在不知不觉中表现出更爱基因相异的异性，很有可能是进化过程中悄然形成的一种基因策略。

## 护肤品的大小把戏

曾几何时，我周围的女人们几乎都开始被化妆品广告和时尚杂志忽悠，在一件比一件更琐碎的有关皮肤的事情上纠结。事无巨细，只要被告知"这会加速你的衰老"，就如五雷轰顶，恨不得马上砸钱下去将其纠正过来。比如说洗脸吧，面对偶尔泛出的油光，多少人在水性乳液和卸妆油之间举棋不定啊，过度执着的结果就是拼命洗，以至于一位日本美容专家曾指责人群患上了"洗脸综合征"。事实上，一个人每天洗脸过甚是很糟糕的——因为皮肤本来有一定自洁功能，当借助外力清洗过于频繁，就会出现功能紊乱，所以若脸洗得越多粉刺痘痘也越多，可别怪罪是妈妈没生好。再说化妆水喷雾大行其道吧，不管是在空调房间里还是在飞机座舱中，总有人以一定频率拿着瓶子扑哧扑哧，特别是在干冷季节来临之时，殊不知这很可能导致你皮肤原有的水分和新喷上去的化妆水一起流失，所谓得不偿失。

以上两种做法显然都有问题，重点在于，完全无视皮肤固有的调节功能而横加干预。如果这两条和你无关，也别高兴得太早，且看看还会不会存在如下强迫心理：没有抹精华液就觉得这一天仿佛老了5岁，没有抹眼霜就相信鱼尾纹会加速到来……罢罢罢，让我告诉你吧，那些价钱比一般保湿乳液昂贵了至少5倍以上的精华液充其量就是多放了一点硅酮而已，而它看起来稀拉通透的形态只不过因为少了点增稠剂。眼霜也同理。

是时候好好思考一下了：护肤品啊护肤品，到底在我们生活中玩着什么样的把戏？

当被问到世上有没有"护肤品依赖"这种事时，大多数美容师会摇头否认，而产品开发师会相对客观，他们告诉我说，就像有不少女孩子喜欢戴帽子一样，除了是一种习惯之外，更可能的，那背后的重要含义在于这给她带来了安全感，如果只有那些更厚的、更有仪式感的帽子能带给她这种感觉，也只能买下去、戴下去了。

"我从来不理会那些贵得离谱儿的化妆品，"一起度过大学四年的下铺、在一家也算较有影响的化妆品牌厂工作了六年多的安琦煲电话粥时告诉我，"它们的成本真的太便宜了，也许连价格的1%都不到，我们支付的是广告和包装费用。"

很多化妆品的添加成分，都以近似于神话的面目出现在杂志的铜版彩页，绘声绘色的文字与配图描绘它如何倾注了科学家的灵感和心血，并具有梦幻般的美丽功效，植物肉毒、海藻活性精粹……无不如此，或许很少有人想得到，这些内容不过是一次广告策划会上头脑风暴的结果。

但来自正规品牌的化妆品的确在安全性上更有保障，这一点安琦也不想否认。现实中，不少唯利是图的商人把不负责任的产品推向市场。为了避免成为牺牲品，消费者切记，远离那些没有出处、听上去很美的诱惑。

（选自科学松鼠会《冷浪漫》，中国书店2011年3月，有改动。）

## 注释

1. 头脑风暴：又称智力激励法，一群人围绕一个特定的兴趣领域产生新观点，是一种创造能力的集体训练法。
2. 硅硐：俗称硅油，在化妆品中，具有润滑功能。一般作为黏度控制来使用。

## 生词语

| | | | | | |
|---|---|---|---|---|---|
| 1. | 吝惜 | lìnxī | 动 | 过分爱惜，舍不得拿出（自己的东西或力量）。 | |
| 2. | 绽放 | zhànfàng | 动 | （花朵）开放。 | F |
| 3. | 暗淡 | àndàn | 形 | （光线）昏暗；不明亮。 | |
| 4. | 形形色色 | xíngxíngsèsè | | 形容事物种类繁多，各式各样。 | F |
| 5. | 生机盎然 | shēngjī'àngrán | | 形容生命力旺盛，充分流露出来。 | |
| 6. | 繁衍 | fányǎn | 动 | 逐渐增多或增广。 | |
| 7. | 清新 | qīngxīn | 形 | 清爽而新鲜。 | 三 |
| 8. | 丰盛 | fēngshèng | 形 | 丰富（指物质方面）。 | 三 |
| 9. | 洋溢 | yángyì | 动 | （情绪、气氛等）充分流露。 | 三 |
| 10. | 抹 | mǒ | 量 | 用于云霞、颜色等。 | 三 |
| 11. | 暗自 | ànzì | 副 | 在私下里，在暗地里。 | |

| | | | | | |
|---|---|---|---|---|---|
| 12. | 礼赞 | lǐzàn | 动 | 怀着敬意地赞扬。 | |
| 13. | 残羹冷炙 | cángēng-lěngzhì | | 指吃剩下的、凉了的饭菜。也比喻别人施舍的东西。 | |
| 14. | 拼盘儿 | pīnpánr | 名 | 用两种以上的凉菜摆在一个盘子里拼成的菜。 | |
| 15. | 捕捉 | bǔzhuō | 动 | 捉。 | 三 |
| 16. | 无人问津 | wúrénwènjīn | | 无人过问，受到冷落。 | |
| 17. | 透射 | tòushè | 动 | 光线从障碍物空隙中射出。 | |
| 18. | 占据 | zhànjù | 动 | 用强力取得或保持。 | 二 |
| 19. | 释放 | shìfàng | 动 | 把所含的物质或能量放出来。 | 二 |
| 20. | 嗜好 | shìhào | 名 | 特殊的爱好（多指不良的）。 | F |
| 21. | 导航 | dǎoháng | 动 | 利用航行标志、雷达、无线电装置等引导飞机或轮船等航行。 | 三 |
| 22. | 粗糙 | cūcāo | 形 | 不精细。 | 三 |
| 23. | 竭力 | jiélì | 副 | 尽力地。 | 三 |
| 24. | 套近乎 | tào jìn·hu | 动 | 和不太熟识或关系不亲切的人拉拢关系，表示亲近（多含贬义）。 | |
| 25. | 不屑 | bùxiè | 动 | 认为不值得（做）。 | 三 |
| 26. | 门当户对 | méndāng-hùduì | | 指男女双方家庭的社会地位和经济状况相当，结亲很合适。 | F |
| 27. | 总而言之 | zǒng'éryánzhī | | 总括起来说；总之。 | F |
| 28. | 世俗 | shìsú | 名 | 一般的风俗习惯（多含贬义）。 | |

| | | | | | |
|---|---|---|---|---|---|
| 29. | 排斥 | páichì | 动 | 使别的人或事物离开自己这方面。 | 三 |
| 30. | 辨别 | biànbié | 动 | 根据不同事物的特点，在认识上加以区别。 | 三 |
| 31. | 愉悦 | yúyuè | 形 | 喜悦。 | |
| 32. | 钟情 | zhōngqíng | 动 | 感情专注（多指爱情）。 | |
| 33. | 随机 | suíjī | 形 | 不设任何条件，随意的。 | 三 |
| 34. | 免疫 | miǎnyì | 动 | 由于具有抵抗力而不患某种传染病。 | 三 |
| 35. | 间隔 | jiàngé | 名/动 | 事物在空间或时间上的距离；隔开，隔绝。 | 三 |
| 36. | 繁殖 | fánzhí | 动 | 生物产生新的个体。 | 二 |
| 37. | 悄然 | qiǎorán | 形 | 形容寂静无声。 | |
| 38. | 忽悠 | hūyou | 动 | 用谎话哄骗。 | 三 |
| 39. | 五雷轰顶 | wǔléi-hōngdǐng | | 比喻遭到巨大的打击。 | |
| 40. | 恨不得 | hèn·bu·de | 动 | 急切希望实现某事，巴不得。 | |
| 41. | 举棋不定 | jǔqí-bùdìng | | 比喻做事犹豫不决。 | |
| 42. | 大行其道 | dàxíng-qídào | | 指某种思想主张或行为方式等一时非常流行；特指不良风气、事物等公然流行。 | |
| 43. | 扑哧 | pūchī | 拟声 | 形容笑声或水、气挤出的声音。 | |
| 44. | 得不偿失 | débùchángshī | | 得到的抵不上失去的。 | F |

| 45. | 干预 | gānyù | 动 | 过问（别人的事）。 | 二 |
| 46. | 充其量 | chōngqíliàng | 副 | 表示做最大限度的估计；至多。 | |
| 47. | 把戏 | bǎxì | 名 | 花招，蒙蔽人的手法。 | |
| 48. | 离谱儿 | lípǔr | 形 | （说话或做事）不合公认的准则。 | F |
| 49. | 煲电话粥 | bāo diànhuàzhōu | | 长时间的通过电话聊天。（方） | |
| 50. | 绘声绘色 | huìshēng-huìsè | | 形容叙述、描写生动逼真。 | F |
| 51. | 倾注 | qīngzhù | 动 | （感情等）集中到一个目标上。 | |
| 52. | 精粹 | jīngcuì | 名 | （事物）精美纯粹的部分。 | |
| 53. | 策划 | cèhuà | 动 | 筹划，谋划。 | 二 |
| 54. | 保障 | bǎozhàng | 名 | 起保障作用的事物。 | 三 |
| 55. | 唯利是图 | wéilìshìtú | | 只贪图财利，别的什么都不顾。 | |

**专有名词**

| 1. | 芦荟 | Lúhuì | 植物名。 |
| 2. | 老虎须 | Lǎohǔxū | 植物名。 |
| 3. | 瑞士 | Ruìshì | Switzerland |

## 语言点

### 一、好不

★ 一时间，百花齐放，蜂飞蝶舞，好不热闹，招蜂引蝶成了植物的头等大事。

◆ 说明：副词。表示程度深，多含感叹语气，修饰双音节形容词，多表示肯定。与"好"、"多么"、"很"相近。

（1）我为她读书花费了不少心血，可她一点儿不努力，叫人好不伤心。

（2）大家一听这话，真像火上浇油，好不愤慨。

## 二、略

★ 虽然这样的分类导航还略显粗糙，但已能在很大程度上保证传粉的质量。

◆ 说明：副词。有"稍微"的意思，表示数量不多，程度不深，时间不长。主要修饰单音节形容词或动词，常常同"点"、"些"、"一点"、"一些"、"一下"、"一会"、"几分"等词语配合使用。带文言色彩，多用于书面语。

（1）请你略等片刻，我马上就下来。

（2）对于古典文学，我只略知一二，说不上有什么研究。

（3）业余学习，虽然零打碎敲，一年来也略有所得。

## 三、恨不得

★ 事无巨细，只要被告知"这会加速你的衰老"，就如五雷轰顶，恨不得马上砸钱下去将其纠正过来。

◆ 说明：动词。

**1. 表示急切地盼望做成某事（多用于实际做不到的事），也说"恨不能"，后面常带动词或主谓短语**

（1）已经一年没有回家了，我恨不得插上翅膀现在就飞到爸爸妈妈身边去。

（2）那天实在把我弄得很狼狈，恨不得找个地缝钻进去。

**2. "恨不得"和动词之间常用"立刻"、"马上"、"即时"、"赶快"、"统统"、"都"、"就"、"全"等副词或带"一"的动量词**

（3）分别十年了，我恨不得马上就见到她。

（4）妈妈做的肉丸子实在太美味了，我真恨不得一口吞下去。

### 3. 介词短语"对……"一般用在"恨不得"前

（5）对朋友，他恨不得把心都掏出来。

（6）对这位将他从"鬼门关"拉回来的医生，他真恨不得把自己所有的幸运都给他。

---

⊙ **词语辨析：恨不得、巴不得**

二者都表示迫切地希望。区别在于：

1. "巴不得"所希望的是可能做到或者容易实现的事情，有时也指已经实现的事情；而"恨不得"所希望的一般是不可能做到或不容易实现的事情

（1）她显得那样疲劳，回到家里巴不得立刻躺下睡觉。

（2）老太爷终于说了句："都散了吧！"众人巴不得听见这句话，马上都退了出去。

（3）天老爷也性急，下起雪来没日没夜地往下倒，恨不得一口气把地上的一切全变白。

2. "巴不得"的宾语可以是否定式短语，"恨不得"一般不能带否定式宾语

（4）我本来就不喜欢热闹的场合，巴不得不参加这种活动。

---

## 四、以至于

★ ……过度执着的结果就是拼命洗，以至于一位日本美容专家曾指责人群患上了"洗脸综合征"。

◆ 说明：连词。

### 1. 直到。一般表示从小到大，从少到多，从浅到深，从低到高，有时也用于相反的方向。连接的成分不止两项时，用在最后两项之间

（1）如果看一遍不懂，就看两遍、三遍，以至于更多遍。

（2）制定计划不但要考虑到今年，而且还要考虑到明年，以至于今后几年都要考虑，做到心中有数。

**2. 表示由上文所说的情况而产生的结果**

（3）这篇文章他读了许多遍，以至于全文都能背下来。

（4）现代化建设的发展使都市高楼林立，摩天大厦似乎成了现代文明的象征，以至于一片草坪、几块岩石和一泓绿水都是那样的弥足珍贵。

（5）20多年中，她为社会奉献了几乎全部精力和整个青春，以至于许多个人的事都无暇顾及。

## 五、过于

★……因为皮肤本来有一定自洁功能，当借助外力清洗过于频繁，就会出现功能紊乱……

◆ 说明：副词。表示程度或数量超过一定的限度。一般可修饰双音节动词、形容词或动词短语，不能出现在主语前。

（1）你的身体不好，不能过于劳累。

（2）这件事不能都怪你一个人，不必过于责备自己。

（3）主教练认为，甲队在场上踢得过于急躁，缺乏有效的组织和配合，是失利的主要原因。

## 六、殊不知

★ 殊不知这很可能导致你皮肤原有的水分和新喷上去的化妆水一起流失……

◆ 说明：动词。

**1. 居然不知道，常用来引述别人的意见而加以纠正**

（1）都说艺高人胆大，殊不知，无知的人胆子可能更大。

（2）黄瓜是夏季时令菜，一般人只知其清凉解渴利尿之作用，殊不知黄瓜还有减肥之功效。

**2. 居然没想到，纠正自己原先的想法**

（3）原以为他精通武术，殊不知只是些花拳绣腿罢了。

(4) 我一直以为家里是最安全的地方，殊不知污染最严重之处恰恰在室内。

 综合练习

### 一、给动词填上合适的宾语

吝惜_____　　辨别_____　　占据_____　　捕捉_____

抵御_____　　干预_____　　倾注_____　　策划_____

### 二、填上合适的中心语

琐碎的_____　　愉悦的_____　　粗糙的_____　　清新的_____

轻柔的_____　　勤劳的_____　　丰盛的_____　　浪漫的_____

### 三、选择合适的词语填空

悄然　　暗自　　竭力　　套近乎　　离谱儿　　煲电话粥　　恨不得

1. 他太想家了，（　　）今天就放假回去。

2. 姐姐和好朋友不在一个城市，但她俩一（　　）就是一个多小时。

3. 一到冬天，这个城市的水果就贵得（　　）。

4. 他虽然仍旧笑容满面，但已经（　　）做好了最坏的打算。

5. 售楼员准确猜测着顾客的心理，（　　）劝说每一个来的人都交付定金。

6. 有人和陌生人一见面就说"你像极了我的一个朋友"。这十之八九是在（　　）。

7. 黄昏渐去，夕阳的余晖（　　）消失在西边的天幕。

### 四、把成语补充完整

绘声绘（　）　　得不偿（　）　　五雷（　）顶　　生机（　）然

唯利是（　）　　面目全（　）　　举棋不（　）　　大行其（　）

## 五、选择合适的词语

1. 因为下雨比赛延期了,这正是我(恨不得 巴不得)的事。
2. 对老师的提问,他(毫不 毫无)准备。
3. 他(为了 为的是)生意,每个月都要往返于上海和北京之间。
4. 看来他已经离开中国了,(否则 何况)怎么不接我电话呢?

## 六、根据课文内容填空

如果让大家选择一种代表生命的颜色,相信99%的人都会选择绿色。绿色的森林给我们提供了(　　)的空气,绿色的农田为我们送上了(　　)的晚餐,门前那块绿色的草坪给了我们每天的好心情。古今诗人、作家都将热情(　　)的赞美之词送给了这(　　)绿色。这个时候,绿色的主人们肯定会在一旁(　　)发笑,因为这抹浸透了生命(　　)的色彩不过是植物吃剩下的(　　)。

## 七、用指定的词语或短语完成句子

1. 晚会上有的同学唱歌,有的同学跳舞,有的同学表演武术,_____ _____。(好不)

2. _____,我马上就下楼。(略)

3. 他们分别十年了,_____。(恨不得)

4. 如果写一遍记不住,那就写两遍、三遍,_____。(以至于)

5. 这篇文章他读了很多遍,_____。(以至于)

6. 他一定有什么特别重要的事,_____。(否则)

7. 本来以为小王的书法很厉害，_____。（殊不知）

## 八、排列正确顺序

1. A 为了避免成为牺牲品
   B 远离那些没有出处、听上去很美的诱惑
   C 消费者切记
   （　　　　　　　）

2. A 可不是为了自娱自乐，表达感情
   B 植物在大地上"涂抹色彩"
   C 而是为了更好地在这个可爱的地球上生存和繁衍下去
   （　　　　　　　）

3. A 不仅如此
   B 花朵还会利用传粉者的一些小嗜好，加强它们在传粉工作中的专一性
   C 所以花朵会针对传粉者释放特定的颜色信号
   D 不同动物对颜色的喜好不同
   （　　　　　　　）

4. A 从进化上来说
   B 从而提高后代的存活率
   C 增强后代适应环境变化的能力
   D 基因的多样性有利于降低有害突变的积累
   （　　　　　　　）

5. A 熬夜对我们的身体非常不好
   B 众所周知
   C 以至于免疫力下降
   D 容易造成身体疲倦、精神不振
   （　　　　　　　）

第十一课　冷浪漫

157

# 第十二课　京剧下午茶

 **热身**

1. 京剧最吸引你的地方是什么，脸谱、服装还是唱腔？
2. 你注意过京剧舞台上的道具吗？
3. 京剧有几个行当？

### 方桌圆坐不可以

　　北京东部临近机场的郊区，有一所京西学校，是一所驻北京的外国人的子弟学校。我曾参观过，并在其教师餐厅吃过饭。餐厅中有许多方桌，桌子有四个边，每边刚好坐一个人。中午，外籍教师们陆续进入，男老师们坐在一起，女老师们也另坐在一起。非常奇怪的是，中国人坐这样的桌子，最多就坐四个人。每人把住一边，第五个人就"坐不进去了"，难道能让自己坐在桌角儿上吗？那样吃饭不方便，同时也是太对不起自己了。可这些西方教师无所谓，五六个人围坐着一张方桌，说说笑笑，很是高兴。在中国，如果有五个以上的人在一起吃饭或开会，就一定要选择一张圆桌，否则就真没法坐了。这在中国是自古传下来的规矩，生活中有这种规矩，到了京剧舞台上就更有这种规矩了。不懂这些规矩就没法看懂京剧。

京剧舞台没有圆桌而只有方桌，而且必须是条形的方桌。四面的方桌可以用来吃饭或开会，京剧虽然也会表达这些事情，但至少得空余下一面，为的是不遮挡观众的视线。条形的方桌如果只坐一个人，那他可以坐在桌子后，也可以坐在桌子前，但都得正对着观众；如果是两个人，可以一边坐一位；如果是三个人，桌子后边坐一位，另两位一边一个，但都得脸朝观众。

舞台上的桌子除了作为"桌子"之外，还可以当成"桥"、"房顶"、"山顶"、"空中"。桌子两边各放一把椅子，演员就踩着这把椅子站到桌子上，可以一站许久，或唱或念，可以自我抒情，也可以与站在桌子前的人相互问答，这样就有了高低之分。

桌子有时还可以摆在上场门或下场门的前边，斜着摆，可以在桌子上头再摆桌子，三层桌子够高了吧？但往往还只是一间房屋的高度，而摆在舞台中间接近天幕的那张桌子，往往就能代表一座高山，甚至衬托出云雾缭绕的缥缈场景。这是艺术上的道理，您得慢慢习惯它，进而承认它。如果一开始就拒绝，那您就没办法进入京剧最美妙的境界了。任何艺术都有自己的假定性嘛。

京剧舞台上没有圆桌，但坐在桌子边（或站在桌子上）的演员，一切动作却非常需要"圆"，这"圆"的要求很难一时就给您讲清楚，但它往往是通过动作的左右、高低、正斜、轻重等对立关系来形成的。

## "生、旦、净、丑"四行当

西方话剧、歌剧舞台上，有男性有女性，有老人有小孩，每一个都是这一类。换言之，男性中的这一个绝对不同于男性中的那一个。女性、老人、小孩的情况亦然。这样做的好处就是争取一步达到个性化。中国的京剧呢，则采取了全然不同的方法，它对男性、女性、老人、小孩都作了更细致的区分。比如说男性，其中就区分成好几种。一种是中老年人，大多有较高的政治地位或丰厚的家产，说话办事都很稳重，于是京剧让这一类人嘴巴底下挂了或黑或灰或白的胡子。专业术语把他们叫作"老生"。再一种，年纪要比老生年轻一些，身体强壮，而且会在陆地或骑在马上使用武器参与战斗。大多数是勇猛的将军甚至是元帅，于是这一类人物被叫作"武生"。还有一类更年轻些的男性，面容姣好，形容美丽，似乎天生就是为了谈恋爱的，他们能写诗唱歌，很得年轻美貌的女性欢喜，于是这些人被称作"小生"。此外还有一些十岁以下的男孩子，在舞台上蹦蹦跳跳的，则被称为"娃娃生"。这四类的男性合起来，就是京剧为首的一个行当——"生"，这个也可以是男性当中很重要的一部分。

下面，我们谈一谈对应的女性——"旦"。第一种，美丽端庄、教养很好、并且还有足够的家庭背景的中青年妇女，叫"青衣"。她们在舞台上没有大的形体动作，但非常善于歌唱，于是成为"旦"当中最重要的分支。再者，与"青衣"成对称的，是一些比她们略微年轻而活泼的小女孩，可以是伺候小姐的丫鬟，也可以是民间的村姑，在舞台显露她们的腰肢和口才。于是这一类人被称作"花旦"。还有一些老年妇女，被称作"老旦"，以及一些很有战斗本领的女性，被称为"武旦"或"刀马旦"。此外，还有少数专门以说笑话见长的女性，被叫作"玩笑旦"。从前"旦"附属在"生"之后，自从梅兰芳成名之后，京剧舞台就"生"、"旦"并重了。

除了这两个大的类别之外，京剧还有两个大类。一个叫"净"，俗称"（大）花脸"。这类人通常性格暴躁，身体粗壮，动不动就"哇啦哇啦"地叫喊。其中又有三个较小的分支：一支特别能唱歌，被称为"铜锤"（因为他们中有几个就是抱着铜锤上台的）；一支身上的动作特别有讲究，被称为"架子（花）"；再一支是上了台没几句话就跟别人打架或打仗的，当然，被打败的时候很多，经常处在被打翻在地的尴尬境地。于是就被称为"棒打花脸"。这三类合成的"净"，也都是男性，但他们总体没什么文化,只能充当"生"的下属。

最后一类叫作"丑"。相貌上丑陋的居多,至少也是不高大。他们的社会身份比"净"还低一层,一切要看主人的眼色行事,有时为了让主人开心,故意说一些逗乐的话语。

京剧这种认识与表现社会男女老少的方法,是经过长时间的积累才最后形成的。每一个小的分支当中,各自的服装、化妆、表演身段与声音都有很大的区别。并且对众多剧目中的众多人物,用哪种行当(分支)去扮演,全都规定得很严格,任何演员都必须遵循而不能违反。如果演员想努力,也只能在规定的行当范畴中去努力。只有极少数成了大名的杰出演员,才可能获得打破既定行当去扮演既定任务的自由。

西方戏剧强调演员通过出神入化的表演,达到舞台上的"个性化"。京剧不同,能达到类型化就允许上台,以后慢慢地通过琢磨与调试,最后实现人物的个性化。这样做的好处很多,类型化就能上台,可以使剧团获得更多的经济效益,又能让演员与观众同步成长。

## "歌舞戏"外还有"功"

"以歌舞演故事",这是中国戏剧史的早期论断。所谓"故事",也就包含了"戏"的成分。用"歌舞戏"三个字概括整个戏曲诚然是正确的。用什么再去概括京剧呢?我多方思考之后,便加了这个"功"字。京剧与其他戏曲剧中之区别,就在于"功"的浓重与无处不在。京剧有各种级别上的"功",水袖功,手绢功,(纱帽)翅子功,靴子功……最后综合成毯子功与把子功两大类。由此升华上一个层面,又有"四功五法"之说。所谓"四功",是指"唱、念、做、打"中的功夫;所谓"五法",是指"手眼身法步"上的功夫。更有前辈指出,"五法"的核心在于"腰","腰"是整个身体的"轴",这个"轴"活泛了,所有功夫也就"指哪儿打哪儿"了。"功"还应该达到最高层——那就是要总结京剧的基本大法。齐如山先生将其归纳为四句话:一、有声必歌;二、无动不舞;三、不许写实;四、不许真器物上台。就这样四句话,不到二十个字,把这门复杂艺术的真谛，让不太有文化的观众都能大抵明白，真让人佩服。

近年直到今日，京剧舞台大大复杂了——要有足够完整的剧本，要有专门的导演，要有音乐和舞台武术的设计，演出之后还要有足够水平的评论与研究……几乎这所有的环节，都需要有准确与完善的"功"——它们要与先前京剧演员身上的那些"功"融成一体，京剧才可能有大的进步。我以为，时至今日以上诸多门类的工作还都是"各做各的"，远没能互相融成一个有机体。也正是这个缘故，京剧才出现了这样那样的问题。当然，也正因为还有问题，京剧也才存在着可以发展的余地。

从人类史的发展来看，最初的任何工作都是不带"功"的，都只是试着做，都只是摸着石头过河，成了就成了，不成就不成。后来慢慢摸索出一些经验，成功的事例渐渐多了起来，"成功"这个词语耐人寻味：为什么叫"成功"呢？为什么事情一成，便就有了"功"呢？这"功"究竟是什么呢？仔细想之，它无非是经验的升华与凝聚罢了。把眼光放回到社会的各项工作中，聪明的人都不是傻干与蛮干的，他们都善于一边干一边思索，慢慢地在干中玩儿了起来。这个"玩儿"，就是追求真理的过程，就是人类不断进化、不断超越前人的过程。

## "悠闲了"才能成大器

艺术有忙的时候，也有闲的时候。一般来说，都是由忙到闲，初期，这一批艺人要生活，要赶场，整月整年忙忙碌碌，奔波不停。等这门艺术大抵确立了，等它在社会大市场上也有了地位，这批艺人就比较幸运了。而看它的人对之也比较关注了，甚至要代替艺人去设身处地想一想这门艺术的发展前途，并且运用自己的力量（也包括美学观点）去影响这门艺术了。京剧自从由城乡接合部进入城市之后，就遇到了这种命运。最初是被动与不自觉的，后来就变成主动与自觉的了。

京剧的出现，正好赶上了一个"空白"。在它出现之前，剧坛还没有在艺术上超过它的剧种。京剧的前身有好几个：徽剧、汉戏、昆曲以及其他，这些剧种都相对简单，哪个也不具备后来京剧的那种综合性。从这个意义上说，京剧真是横空出世了。而城市人和皇朝也都有足够的悠闲，喜欢，也更愿意帮助京剧变成让自己更加悠闲的一个剧种。于是，戏园子中在膝盖上叩着节拍的戏迷出现了，在大街上旁观戏曲小学员排队行走的戏迷出现了，甚至连西太后在其悠闲养生的颐和园中，也不时召集最优秀的艺人成为"内廷供奉"。是全社会的努力，再加上艺人自己的用心，让京剧与中国传统文化挂上了钩，在各方面都逐渐讲究起来。京剧不再将就了，它要求自己讲究了，只有讲究了，才是自己安身立命的价值。梅兰芳演出的早期，1916年开始的十八个月当中，他排演了四类不同性质的剧目，这应该是他最忙的时候了。可后来他成了很大的名，他变成了梅博士，变成了全中国人民引以为傲的艺术权威，他生活才安定下来，每分每秒的意义才更明确下来。他越是闲了，其艺术生命的价值也才越发显现出来。

忙的艺术，尽管可能会一时大红大紫，但最终不免衰落低迷。而只有由忙转闲了的艺术，才能逐渐增加其古典性，成为所在国家、地域、民族的象征。回想地球上的这些国家，最初的文明是从哪儿来的？那些忙的艺术可能帮助过国家之间的迁徙、建设与战争，当这些兴亡之事慢慢淡漠了之后，地球上的秩序相对稳定下来，人们需要更多的欢娱——这时，艺术也就有了由忙转闲的可能。目前，一些急需在经济上起飞的国家，往往注重艺术的忙，而经济已经腾飞，社会需要在深层次上稳定的国度，则需要艺术的由忙转闲。我希望，由忙转闲，由将就变讲究的艺术，能够早日出现。

（选自徐城北《京剧下午茶》，浙江大学出版社2009年10月出版，有改动。）

## 注释

1. 生、旦、净、丑：中国戏曲中人物角色的行当分类，按传统习惯，有"生、旦、净、丑"和"生、旦、净、末、丑"两种分行方法。近代以来，不少剧种的"末"行已逐渐归入"生"行，通常把"生、旦、净、丑"作为行当的四种基本类型。
2. 丫鬟：婢女，也作"丫环"。
3. 城乡接合部：是指城市和农村的过渡地带，又称城市边缘地区。
4. 颐和园：中国现存规模最大、保存最完整的皇家园林，中国四大名园（另三座为承德避暑山庄、苏州拙政园、苏州留园）之一，位于北京市海淀区。

## 生词语

| | | | | | |
|---|---|---|---|---|---|
| 1. | 临近 | línjìn | 动 | 位置接近。 | 三 |
| 2. | 陆续 | lùxù | 副 | 表示前后相继，时断时续。 | 二 |
| 3. | 把 | bǎ | 动 | 控制；独占。 | |
| 4. | 犄角儿 | jījiǎor | 名 | 物体两个边沿相接的地方；棱角。 | |
| 5. | 无所谓 | wúsuǒwèi | 动 | 说不上；不在乎，没有什么关系。 | 二 |
| 6. | 规矩 | guī·ju | 名 | 画圆形和方形的两种工具；借指一定的标准、准则或惯例。 | 三 |
| 7. | 至少 | zhìshǎo | 副 | 表示最低的限度。 | |
| 8. | 遮挡 | zhēdǎng | 动 | 遮蔽拦挡。 | |

| | | | | | |
|---|---|---|---|---|---|
| 9. | 往往 | wǎngwǎng | 副 | 表示某种情况经常存在或发生。 | |
| 10. | 甚至 | shènzhì | 连 | 强调突出的事例（有更进一层的意思）。 | 二 |
| 11. | 缭绕 | liáorào | 动 | 云雾、声音等回环缠绕。 | |
| 12. | 缥缈 | piāomiǎo | 形 | 形容隐隐约约、似有似无的样子。 | |
| 13. | 进而 | jìn'ér | 连 | 强调在原有基础上更进一步。 | 三 |
| 14. | 境界 | jìngjiè | 名 | 事物所达到的程度或表现的情况。 | 三 |
| 15. | 假定 | jiǎdìng | 动/名 | 姑且认定；科学上的假设。 | 三 |
| 16. | 行当 | hángdàng | 名 | 戏曲演员根据角色类型分成的专业类别。 | |
| 17. | 换言之 | huànyánzhī | | 换句话说，多用于书面语。 | F |
| 18. | 亦然 | yìrán | 动 | 也是这样，多用于书面语。 | 三 |
| 19. | 全然 | quánrán | 副 | 完全。 | |
| 20. | 稳重 | wěnzhòng | 形 | 沉着持重，不轻浮。 | 三 |
| 21. | 姣好 | jiāohǎo | 形 | 相貌好看。 | |
| 22. | 形容 | xíngróng | 名 | 模样，容貌，多用于书面语。 | |
| 23. | 端庄 | duānzhuāng | 形 | 端正庄重。 | |
| 24. | 教养 | jiàoyǎng | 名 | 指一般文化和品德的修养。 | F |
| 25. | 略微 | lüèwēi | 副 | 稍微。 | F |
| 26. | 伺候 | cìhou | 动 | 侍奉，照料。 | F |
| 27. | 见长 | jiàncháng | 动 | 在某方面显示出特长。 | |

| 28. | 附属 | fùshǔ | 动 | 依附，归属。 | 三 |
| 29. | 暴躁 | bàozào | 形 | 急躁，好发火。 | 三 |
| 30. | 动不动 | dòng·budòng | 副 | 表示很容易产生某种行为或情况（多含厌烦意）。 | 三 |
| 31. | 哇啦 | wālā | 拟声 | 模拟吵闹或快速说话的声音。 | |
| 32. | 讲究 | jiǎngjiu | 名 | 值得注意或推敲的内容。 | 二 |
| 33. | 丑陋 | chǒulòu | 形 | 容貌或样子十分难看，也指思想行为卑劣。 | 三 |
| 34. | 遵循 | zūnxún | 动 | 遵照。 | 三 |
| 35. | 违反 | wéifǎn | 动 | 不遵守；与法律、原则、规章、制度等相对立。 | 二 |
| 36. | 既定 | jìdìn | 形 | 已经确定的。 | |
| 37. | 出神入化 | chūshén-rùhuà | | 形容技艺达到高超绝妙的境界。 | |
| 38. | 琢磨 | zhuómó | 动 | 加工使精美。 | |
| 39. | 调试 | tiáoshì | 动 | 试验并调整（仪器、设备等）。 | 三 |
| 40. | 效益 | xiàoyì | 名 | 效果和利益。 | 三 |
| 41. | 诚然 | chéngrán | 副 | 确实，实在；固然。 | |
| 42. | 活泛 | huófan | 形 | 能随机应变；灵活。 | |
| 43. | 真谛 | zhēndì | 名 | 正确深刻的道理；真实的主旨。 | |
| 44. | 大抵 | dàdǐ | 副 | 大多，大都；大致，基本上。 | |
| 45. | 耐人寻味 | nàirénxúnwèi | | 经得起细细品味。指意味深长，值得仔细体会琢磨。 | F |

| 46. | 蛮干 | mángàn | 动 | 鲁莽地干，不管实际情况而硬干。 | |
| --- | --- | --- | --- | --- | --- |
| 47. | 超越 | chāoyuè | 动 | 超过，越过。 | 二 |
| 48. | 大器 | dàqì | 名 | 古代指贵重的器物。比喻有大才，能担当重任的人才。 | |
| 49. | 赶场 | gǎnchǎng | 动 | （演员）在一个场地演出或拍戏结束后赶到另一个场地演出或拍戏。 | |
| 50. | 横空出世 | héngkōng-chūshì | | 横亘在天空，超出于凡世。比喻卓立不群。 | |
| 51. | 安身立命 | ānshēn-lìmìng | | 生活有着落，精神有寄托，能在社会上立足。 | |
| 52. | 越发 | yuèfā | 副 | 跟上文的"越（是）"呼应，作用跟"越……越"相同（用于两个或更多的分句前后呼应的场合）。 | 三 |
| 53. | 大红大紫 | dàhóng-dàzǐ | | 形容非常受宠或受欢迎；十分走红。 | |

## 语言点

### 一、无所谓

★ 可这些西方教师无所谓，五六个人围坐着一张方桌，说说笑笑，很是高兴。

◆ 说明：动词。

167

**1.** 说不上。必带名词、动词、形容词作宾语。后边的宾语可以是"A 不 A"，A 也可以是名词

（1）我只是来谈体会，无所谓报告。

（2）羽绒服嘛，暖和就行，无所谓好看不好看。

**2.** 不在乎，没有什么关系。可以单独回答问题，可以修饰名词

（3）大家都替他着急，他自己倒无所谓。

（4）漂亮不漂亮无所谓，为人一定要善良。

（5）听了我的话，他只是微微地笑了一下，脸上露出无所谓的神情。

## 二、进而

★ 这是艺术上的道理，您得慢慢习惯它，进而承认它。

◆ 说明：连词。用于后一分句，表示在已有的基础上进一步。

（1）我们工厂准备首先实现半自动化，进而实现完全自动化。

（2）不久我们便成了朋友，进而又变为知己。

> ⊙ 词语辨析：进而、从而
>
> 相同之处：都是连词，连接分句与分句，都用于后一分句的开头，所连接的两个分句都有先后之分。
>
> 不同之处：①"进而"只表示"进一步"的意思，跟上文没有条件或因果关系；"从而"引出结果，跟上文有条件或因果关系。②"进而"前面可以加"又、再、并"等词，"从而"不能。
>
> （1）公司采用了新技术，从而大大提高了生产效率。
>
> *（2）公司采用了新技术，进而大大提高了生产效率。

## 三、换言之

★ 西方话剧、歌剧舞台上，有男性有女性，有老人有小孩，每一个都是这一类。换言之，男性中的这一个绝对不同于男性中的那一个。

◆ 说明：固定格式，作插入语。常用于两句之间，表示后句是前句的更简

单、更直接、更通俗的解释或说明。"换言之"常用于书面语，口语为"换句话说"。

（1）我们为什么要办信用卡？换言之，使用信用卡有什么好处？

（2）如何做好销售？换言之，作为一个销售人才，应具备哪些方面的素质。

（3）专家们表示，品牌、产品和服务经常可以转化为一种购买力。换句话说，如果有机会看到、感受到、真正的接触到，亲身体验，消费者更有可能购买他们需要的产品。

## 四、全然

★ 中国的京剧呢，则采取了全然不同的方法。

◆ 说明：副词，完全地，多用于否定式。

（1）他一切为了集体，全然不考虑个人的得失。

（2）校长全然不了解事情的经过。

（3）他埋头阅读，全然不知天已经黑了。

## 五、动不动

★ 这类人通常性格暴躁，身体粗壮，动不动就"哇啦哇啦"地叫喊。

◆ 说明：副词，表示很容易产生某种行为或情况（多含厌烦意）。多用于不希望发生的事情，常跟"就"连用，作状语。

（1）作为父母，怎么能动不动就对孩子发脾气呢？

（2）我小时候身体很差，动不动就感冒。

（3）今年冬天特别冷，动不动就下雪。

## 六、诚然

★ 用"歌舞戏"三个字概括整个戏曲诚然是正确的。

◆ 说明：

**1. 副词。确实；实在。多用于书面语，作状语**

（1）他很爱那几只小鸭，小鸭也诚然可爱。

(2) 那边的风俗习惯诚然如小说里描写的那样。

2. 连词。固然（引起下文转折）。带有文言色彩，多用于书面语。表示先确认一个事实，然后再说到另一方面；常同"但"、"但是"、"可是"、"不过"等配合使用

(3) 努力学习诚然正确，但也要注意劳逸结合。
(4) 他损坏公物诚然不对，但是能够承认错误还是好的。

## 七、无非

★ 这"功"究竟是什么呢？仔细想之，它无非是经验的升华与凝聚罢了。

◆ 说明：副词。只；不过；不外乎。表示不会超过说话人设定的范围，含有把事情往小里、轻里说的意思，句末常有"罢了"、"而已"与之呼应。

(1) 送给你这本书，无非要你多了解一些中国的风俗习惯。
(2) 院子里种的无非是凤仙花和鸡冠花。
(3) 我给你打电话，无非想提醒你明天开会罢了。

## 综合练习

### 一、注音并熟读下列词语

(　　　)　　　(　　　)　　　(　　　)
讲究　　　　　将就　　　　　活泛

(　　　)　　　(　　　)　　　(　　　)
尴尬　　　　　琢磨　　　　　缥缈

### 二、给动词填上合适的宾语

遮挡_____　　伺候_____　　遵循_____
参与_____　　讲究_____　　显露_____
打破_____　　摸索_____　　召集_____

## 三、把成语补充完整，并选择成语改写下列句子

大红大（　）　　　出（　）入化　　　（　）身处地　　　无（　）不在

1. 她的译著，忠实地体现了原著的内涵和风格，那高超绝妙的中文功底，更为此书锦上添花。_____

2. 今天，电脑的影响到处都存在，涉及我们生活的各个方面，渗透到社会的各个领域。_____

3. 大学生应该摆脱以自我为中心的思维方式，逐渐学会站在别人的角度为别人着想，并且在此基础上建立起独立、协调的人际关系。_____

4. 采访作家，特别是在文坛上声名显赫的著名作家，是件吃力不讨好的事情。_____

## 四、填上合适的反义词

遵循——　　　讲究——　　　被动——　　　悠闲——

拒绝——　　　个性——　　　丑陋——　　　死板——

## 五、选择合适的词语

1. 原始人类最初是靠采集、渔猎维持生活的，（进而　从而）过渡到以畜牧业、农业生产维持生活。

2. 由于温带气候分布地域广泛，类型复杂多样，（进而　从而）为生物界创造了良好的气候环境，形成了丰富多彩的动植物界。

3. 这种地方菜太好吃了，所以他们慢慢由偶尔吃转变为（往往　常常）吃。

4. 他非常喜欢幼儿园的工作，孩子们也（固然　诚然）可爱。

5. 我们两家同吃同住多年，从没闹过意见，这种亲密与和睦程度，（固然　诚然）难能可贵。

## 六、用指定的词语或者短语完成对话

1. A：这次围棋比赛的输赢重要吗？

第十二课　京剧下午茶

B：＿＿＿＿＿＿＿＿＿＿＿＿＿＿＿＿＿＿＿＿。（无所谓）

2. A：我们应该怎么对待京剧艺术？

　　B：我们得慢慢习惯它，＿＿＿＿＿＿＿＿＿＿＿＿＿＿＿。（进而）

3. A：为什么要办信用卡？＿＿＿＿＿＿＿＿＿＿＿＿＿＿。（换言之）

　　B：用信用卡其实就是花明天的钱，圆今天的梦。

4. A：别人都去准备比赛了，你怎么还在这里睡大觉？

　　B：＿＿＿＿＿＿＿＿＿＿＿＿＿＿＿＿＿＿＿＿。（全然）

5. A：他怎么一周的电话费比我一个月还多？

　　B：＿＿＿＿＿＿＿＿＿＿＿＿＿＿＿＿＿＿＿＿。（动不动）

6. A：要考试了，我一连几天都在开夜车。

　　B：努力学习＿＿＿＿＿＿＿＿＿＿＿＿，但也要注意身体呀。（诚然）

7. A：花园里种的都是什么花？

　　B：没什么太名贵的品种，＿＿＿＿＿＿＿＿＿＿＿＿＿＿。（无非）

## 七、选择合适的词语填空

一时　　无非　　无所谓　　诚然　　丰厚　　大红大紫　　引以为傲

1. 两个陌生人在一起不免有些尴尬，我（　　）不知道找什么话题能让气氛活跃起来。

2. 我周末的时候和朋友的活动不太多，（　　）是吃吃饭、逛逛街。

3. 这个演员曾经在10年前的荧屏（　　）。

4. 吃什么东西我觉得（　　），但一定要选一个环境好的地方。

5. 这件事（　　）是极少数，并且受到了绝大多数人的抵制，但非常值得注意。

6. 每年圣诞节商家都会举行大型促销活动，并为购物的人准备了（　　）的礼物。

7. 他一手创办了这个公司，并且发明了数百种产品，不但深深（　　），更具有深厚的感情。

## 八、排列正确顺序

1. A　可以是伺候小姐的丫鬟

B 与"青衣"成对称的
   C 也可以是民间的村姑
   D 是一些比她们略微年轻而活泼的小女孩
   (          )

2. A 地球上的秩序相对稳定下来
   B 人们需要更多的欢娱——
   C 当这些兴亡之事慢慢淡漠了之后
   D 这时,艺术也就有了由忙转闲的可能
   E 那些忙的艺术可能帮助过国家之间的迁徙、建设与战争
   (          )

3. A 甚至在很远很远的地方
   B 尽管在戏中我仍是个小角色
   C 尽管我的前程至今仍不知在哪里
   D 但我不想让儿女情长耽误了自己的前程
   (          )

4. A 在各方面都逐渐讲究起来
   B 再加上艺人自己的用心
   C 是全社会的努力
   D 让京剧与中国传统文化挂上了钩
   (          )

5. A 诚然是经济快速发展的重要指标之一
   B 也给目前的公路管理提出了挑战
   C 但是高速公路上的诸多交通问题
   D 高速公路的开通
   (          )

## 九、根据课文内容判断下列句子正误

1. 如果有五个以上的中国人吃饭或者开会,就肯定会选择一张方桌。
(    )

2. 京剧舞台上的桌子,只能作为桌子,不能当成别的。    (    )

3. 京剧中的老生,一般是勇猛的将军或者元帅。（　）
4. "以歌舞演故事",这是中国戏剧史发展到今天的观点。（　）
5. 京剧与其他戏曲剧种之区别,就在于"功"的浓重与无处不在。（　）
6. 所谓"四功",就是指"生、旦、净、末"。（　）
7. 艺术有闲的时候,也有忙的时候,一般来说,都是由闲到忙。（　）
8. 京剧在各方面逐渐讲究起来,主要是由于艺人们的努力和用心。（　）

补充课文

## 南方与北方

　　天地玄黄,五谷杂粮,男人女人,北方南方。南方和北方不一样。就是不一样。

　　南方人吃米,北方人吃面。米就是"去皮后的作物子实",如稻米、薏米、花生米等。由此及彼,凡粒状的也都叫"米",如虾米和高粱米。面,就是麦子磨成的粉,所以粉状的东西都叫面,如豆面、药面、胡椒面。北方人以面食为主,须把麦子磨成粉。南方人不磨面,要磨也就是磨浆,比如豆浆、米浆。

　　米饭不能单吃,得有菜,所以,南方的烹调功夫花在菜上。八大菜系,基本上都是南方人大显身手,北方人没多少戏。北方厨师的用武之地在面食,那麦子磨成的粉可以做出好多花样,有拉面、擀面、压面、揪面、切面、挂面、刀削面和搓鱼子等。南方人弄不清这么多名堂,统统称之为"面"。要细分,也就是宽面、细面、汤面、炒面、云吞面和炸酱面。

　　可见,活法不一样,说法也不一样。

　　说法不一样,唱法也不一样。北方人唱歌,南方人唱曲,所以叫"北歌南曲"。北方人唱的是燕赵悲歌,苍凉激越,声遏行云,气吞万里;南方人唱的是吴越小曲,玲珑剔透,凄婉隽永,韵味无穷。歌变剧(歌剧),曲变戏(戏曲)。所以宋元时期的戏剧,北方的叫"杂剧"。南方的叫"戏曲",这就叫"北剧南戏"或"南戏北剧"。

　　戏剧戏剧,戏和剧都有嬉戏娱乐的意思,它们原本是可以通用的。北方人将"剧"字用得多一点,有时也说"戏"。南方人直到20世纪40年代以前,还拒绝使用"剧"字，凡与戏剧有关的词均以"戏"字命名，如戏子、戏台、戏园、戏班、古装戏、时装戏、木偶戏和文明戏。"文明戏"就是话剧，而电影则叫"影戏"。1939年，上海的报纸上开始提倡"越剧"这个名词，可老百姓还是管它叫"绍兴戏"（绍剧则叫"绍兴大班"）。甚至京剧原本也叫"京戏"，后来要普及普通话，北方话占了上风，"京戏"才变成了"京剧"。

叫"剧"的都是大剧种，叫"戏"的则多半是小剧种。最有名的也只有一个"黄梅戏"，其他的就名不见经传。当然，最牛的还是秦腔，它不叫"戏"，也不叫"剧"，而叫"腔"。说起来秦腔也是有资格牛气的，京剧（还有汉剧和徽剧）里的"皮黄"（西皮、二黄）和秦腔都有瓜葛。秦腔从襄阳传到武昌、汉口，就变成了"西皮"；传到安徽桐城，就变成了"高拨子"；"高拨子"在徽班中又演变成"二黄"。这西皮、二黄、汉调、徽调，北上进京一搅和，就成京剧了。

南方和北方不一样的地方还很多。南方人睡床，北方人睡炕，这叫"南床北炕"。南方人坐船，北方人骑马，这叫"南船北马"。南方人指路，总是说前后左右；北方人指路，总是说东西南北。说前后左右，是以人为坐标；说东西南北，是以物为参照。这也许可以叫"南人北物"。南北的差异为什么这么大？环境使然。南方潮湿，架床便于通风；北方寒冷，打炕可以取暖。北方多平原，平原上好跑马；南方多水乡，水乡里要行船。马驰平原，视野辽阔，东西南北，一目了然；船行水乡，曲里拐弯，说东西南北也去不了，就只好说前后左右了。

就连打架，南方和北方都不一样。南方人喜欢用拳，北方人喜欢用腿，叫"南拳北腿"。南方人个子小，打架的地方也小，深街小巷，挤挤巴巴，难以施展，还是用拳头便当。北方天高地阔，一马平川。好汉们又一个个人高马大，一脚飞起，能把对方踢出很远，特别过瘾，所以愿意在腿脚上下功夫。正因为如此，一个男人和一个女人关系暧昧，在南方就叫"有一手"，在北方则叫"有一腿"。

南方和北方，不一样，就是不一样。

（选自易中天《大话方言》，上海文化出版社2006年10月出版，有改动。）

# 附 录

## 附录A 词语总表

（词语后所标阿拉伯数字为所在课的序号）

### A

| | | | |
|---|---|---|---|
| 安分守己 | | 7 | |
| 安身立命 | | 12 | |
| 安土重迁 | | 4 | |
| 安稳 | 形 | 1 | F |
| 安逸 | 形 | 4 | 三 |
| 暗淡 | 形 | 11 | |
| 暗自 | 副 | 11 | |
| 按捺 | 动 | 5 | |

### B

| | | | |
|---|---|---|---|
| 把 | 动 | 12 | |

| | | | |
|---|---|---|---|
| 把戏 | 名 | 11 | |
| 煲电话粥 | | 11 | |
| 保障 | 名 | 11 | 三 |
| 暴躁 | 形 | 12 | 三 |
| 败坏 | 动 | 1 | |
| 背包客 | 名 | 2 | |
| 背井离乡 | | 4 | |
| 悲痛欲绝 | | 6 | |
| 剥夺 | 动 | 3 | 三 |
| 博大精深 | | 4 | |
| 迸射 | 动 | 8 | |
| 逼真 | 形 | 10 | 三 |
| 彼此 | 代 | 8 | 二 |
| 庇护 | 动 | 9 | |
| 辨别 | 动 | 11 | 三 |
| 捕捉 | 动 | 11 | 三 |
| 不妨 | 副 | 1 | 三 |
| 不可或缺 | | 4 | |
| 不愧 | 动 | 5 | |
| 不同凡响 | | 8 | |
| 不屑 | 动 | 11 | 三 |

附录

| | | | |
|---|---|---|---|
| 不由得 | 动/副 | 1 | 三 |
| 不遗余力 | | 2 | |

C

| | | | |
|---|---|---|---|
| 残羹冷炙 | | 11 | |
| 惨痛 | 形 | 1 | F |
| 惨重 | 形 | 1 | 三 |
| 糙 | 形 | 5 | |
| 苍天可表 | | 7 | F |
| 沧桑 | 形 | 8 | |
| 策划 | 动 | 11 | 二 |
| 层层叠叠 | | 2 | |
| 谄媚 | 动 | 1 | |
| 颤抖 | 动 | 9 | 三 |
| 猖獗 | 形 | 7 | |
| 常态 | 名 | 2 | F |
| 徜徉 | 动 | 6 | |
| 畅所欲言 | | 10 | |
| 超群 | 形 | 6 | |
| 超越 | 动 | 12 | 二 |
| 超脱 | 动 | 7 | |
| 彻头彻尾 | | 7 | |

| | | | |
|---|---|---|---|
| 沉溺 | 动 | 7 | |
| 衬托 | 动 | 8 | 三 |
| 成心 | 副 | 7 | |
| 成竹在胸 | | 5 | |
| 呈现 | 动 | 10 | 三 |
| 诚恳 | 形 | 1 | 三 |
| 诚然 | 副 | 12 | |
| 承担 | 动 | 10 | 二 |
| 承诺 | 动/名 | 5 | 二 |
| 承载 | 动 | 4 | 三 |
| 痴迷 | 动 | 7 | F |
| 持之以恒 | | 7 | F |
| 赤裸裸 | 形 | 10 | |
| 充其量 | 副 | 11 | |
| 筹备 | 动 | 6 | |
| 丑陋 | 形 | 12 | 三 |
| 出神入化 | | 12 | |
| 出土 | 动 | 4 | 三 |
| 初衷 | 名 | 5 | 三 |
| 创始人 | 名 | 6 | 三 |
| 锤炼 | 动 | 4 | |

附录

| 纯粹 | 形 | 3 | |
| --- | --- | --- | --- |
| 词不达意 | | 9 | |
| 磁石 | 名 | 10 | |
| 伺候 | 动 | 12 | F |
| 从未 | 副 | 5 | 三 |
| 粗暴 | 形 | 5 | 三 |
| 粗糙 | 形 | 11 | 三 |
| 粗犷 | 形 | 8 | |
| 猝发 | 动 | 9 | |
| 摧毁 | 动 | 3 | 三 |
| 挫折 | 名 | 3 | |
| 错觉 | 名 | 10 | F |

### D

| 大抵 | 副 | 12 | |
| --- | --- | --- | --- |
| 大红大紫 | | 12 | |
| 大惊小怪 | | 2 | F |
| 大器 | 名 | 12 | |
| 大行其道 | | 11 | |
| 胆怯 | 形 | 1 | 三 |
| 当下 | 名/副 | 2 | 三 |

| 荡涤 | 动 | 8 | |
|---|---|---|---|
| 导航 | 动 | 11 | 三 |
| 得不偿失 | | 11 | F |
| 得益于 | | 9 | 三 |
| 低沉 | 形 | 2 | |
| 底色 | 名 | 8 | |
| 地道 | 形 | 6 | 三 |
| 颠覆 | 动 | 10 | 三 |
| 惦记 | 动 | 5 | 三 |
| 跌宕起伏 | | 6 | |
| 动不动 | 副 | 12 | 三 |
| 抖擞 | 动 | 7 | |
| 嘟囔 | 动 | 4 | |
| 独一无二 | | 2 | F |
| 端详 | 动 | 5 | |
| 端庄 | 形 | 12 | |
| 断壁残垣 | | 8 | |
| 顿时 | 副 | 9 | 三 |

**E**

| 恶性 | 形 | 1 | 三 |

| | | | |
|---|---|---|---|
| 恶意 | 名 | 1 | 三 |
| 厄运 | 名 | 3 | F |
| 愕然 | 形 | 5 | |
| 恩惠 | 名 | 7 | |
| 儿女情长 | | 8 | |

## F

| | | | |
|---|---|---|---|
| 发挥 | 动 | 5 | |
| 番 | 量 | 5 | 二 |
| 烦躁 | 形 | 9 | 三 |
| 繁衍 | 动 | 11 | |
| 繁殖 | 动 | 11 | 二 |
| 繁重 | 形 | 2 | 三 |
| 反倒 | 副 | 5 | 三 |
| 反而 | 副 | 1 | 二 |
| 反感 | 形/名 | 1 | 三 |
| 反目成仇 | | 3 | |
| 范畴 | 名 | 5 | 三 |
| 防范 | 动 | 6 | 二 |
| 匪徒 | 名 | 6 | |
| 诽谤 | 动 | 1 | F |

| | | | |
|---|---|---|---|
| 丰富多彩 | | 8 | 三 |
| 丰盛 | 形 | 11 | 三 |
| 奉献 | 动 | 2 | 二 |
| 敷 | 动 | 9 | F |
| 敷衍 | 动 | 5 | |
| 俯拾皆是 | | 4 | |
| 复苏 | 动 | 9 | |
| 附属 | 动 | 12 | 三 |
| 附庸风雅 | | 7 | |
| 赋予 | 动 | 4 | 三 |
| 覆盖 | 动 | 6 | 三 |

## G

| | | | |
|---|---|---|---|
| 盖世 | 动 | 10 | |
| 干预 | 动 | 11 | 二 |
| 尴尬 | 形 | 5 | F |
| 赶场 | 动 | 12 | |
| 刚正不阿 | | 1 | |
| 戈壁 | 名 | 8 | 三 |
| 格局 | 名 | 4 | 三 |
| 格外 | 副 | 2 | 二 |

| | | | |
|---|---|---|---|
| 宫殿 | 名 | 8 | 三 |
| 恭维 | 动 | 1 | |
| 鼓舞 | 动 | 3 | 三 |
| 固执 | 形 | 9 | 三 |
| 寡不敌众 | | 8 | |
| 果敢 | 形 | 1 | |
| 光鲜 | 形 | 2 | |
| 光怪陆离 | | 10 | |
| 规矩 | 名 | 12 | 三 |
| 归宿 | 名 | 4 | F |

## H

| | | | |
|---|---|---|---|
| 撼动 | 动 | 3 | |
| 毫不 | | 5 | 三 |
| 毫无顾忌 | | 4 | |
| 豪华 | 形 | 5 | 三 |
| 行当 | 名 | 12 | |
| 浩浩荡荡 | | 8 | |
| 和蔼 | 形 | 1 | F |
| 和谐 | 形 | 10 | 二 |

| 恨不得 | 动 | 11 | |
|---|---|---|---|
| 横亘 | 动 | 8 | 三 |
| 横空出世 | | 12 | |
| 烘云托月 | | 8 | |
| 忽悠 | 动 | 11 | 三 |
| 胡闹 | 动 | 2 | 三 |
| 花哨 | 形 | 5 | |
| 花言巧语 | | 1 | |
| 花样儿 | 名 | 2 | 三 |
| 花枝招展 | | 2 | |
| 话茬儿 | 名 | 5 | |
| 换言之 | | 12 | F |
| 荒诞 | 形 | 7 | F |
| 恍然大悟 | | 5 | F |
| 灰头土脸 | | 2 | |
| 辉煌 | 形 | 6 | 三 |
| 恢宏 | 形 | 8 | |
| 绘声绘色 | | 11 | F |
| 混淆 | 动 | 9 | 三 |
| 活泛 | 形 | 12 | |
| 活灵活现 | | 5 | |

附录

## J

| 积淀 | 动 | 4 | F |
|---|---|---|---|
| 犄角儿 | 名 | 12 | |
| 极为 | 副 | 6 | 三 |
| 汲取 | 动 | 3 | |
| 寄予 | 动 | 6 | |
| 既定 | 形 | 12 | |
| 觊觎 | 动 | 6 | |
| 家喻户晓 | | 6 | F |
| 枷锁 | 名 | 1 | |
| 假定 | 动/名 | 12 | 三 |
| 监护 | 动 | 9 | 三 |
| 煎熬 | 动 | 10 | |
| 见长 | 动 | 12 | |
| 间隔 | 名/动 | 11 | 三 |
| 讲究 | 名 | 12 | 二 |
| 交相辉映 | | 8 | |
| 姣好 | 形 | 12 | |
| 焦虑 | 形 | 2 | 三 |
| 侥幸 | 形 | 9 | |
| 狡辩 | 动 | 9 | |

| 矫枉过正 | | 7 | |
|---|---|---|---|
| 叫嚣 | 动 | 7 | |
| 教诲 | 动 | 9 | |
| 教养 | 名 | 12 | F |
| 结晶 | 名 | 4 | 三 |
| 竭力 | 副 | 11 | 三 |
| 金碧辉煌 | | 8 | |
| 进而 | 连 | 12 | 三 |
| 尽情 | 副 | 10 | 三 |
| 禁锢 | 动 | 4 | |
| 惊心动魄 | | 9 | F |
| 精粹 | 名 | 11 | |
| 精巧 | 形 | 5 | |
| 精致 | 形 | 2 | 三 |
| 井底之蛙 | | 4 | |
| 警觉 | 名/动 | 3 | |
| 警惕 | 动 | 7 | 三 |
| 警醒 | 动 | 5 | |
| 净化 | 动 | 1 | 三 |
| 境界 | 名 | 12 | 三 |

| 境遇 | 名 | 3 | F |
|---|---|---|---|
| 久经世故 | | 5 | |
| 久违 | 动 | 6 | F |
| 举棋不定 | | 11 | |
| 具 | 量 | 6 | |
| 聚落 | 名 | 4 | |
| 俊美 | 形 | 6 | |

## K

| 康复 | 动 | 9 | 二 |
|---|---|---|---|
| 抗拒 | 动 | 3 | 三 |
| 搕 | 动 | 5 | |
| 刻骨铭心 | | 2 | |
| 空旷 | 形 | 8 | |
| 控诉 | 动 | 1 | |
| 口头禅 | 名 | 10 | |
| 枯寂 | 形 | 8 | |
| 骷髅 | 名 | 6 | |
| 夸夸其谈 | | 1 | |
| 宽以待人 | | 7 | |

## L

| 词语 | 词性 | 页 | 备注 |
|---|---|---|---|
| 老掉牙 | 形 | 5 | |
| 来龙去脉 | | 9 | F |
| 懒惰 | 形 | 7 | 三 |
| 狼烟四起 | | 7 | |
| 乐此不疲 | | 4 | |
| 离愁别绪 | | 4 | |
| 离谱儿 | 形 | 11 | F |
| 礼赞 | 动 | 11 | |
| 涟漪 | 名 | 9 | |
| 缭绕 | 动 | 12 | |
| 料想 | 动 | 4 | |
| 临近 | 动 | 12 | 三 |
| 吝啬 | 形 | 11 | |
| 灵魂 | 名 | 3 | 三 |
| 伶牙俐齿 | | 1 | |
| 溜须拍马 | | 1 | |
| 流露 | 动 | 5 | 三 |
| 流溢 | 动 | 8 | |
| 陆续 | 副 | 12 | 二 |
| 落脚儿 | 动 | 6 | |
| 略微 | 副 | 12 | F |

## M

| 麻利 | 形 | 5 | |
| 麻醉 | 动 | 10 | 三 |
| 冒险 | 动 | 3 | 三 |
| 蛮干 | 动 | 12 | |
| 漫天 | 形 | 2 | |
| 忙碌 | 形 | 2 | 三 |
| 盲目 | 形 | 1 | 三 |
| 茫然 | 形 | 5 | 三 |
| 莽莽苍苍 | | 8 | |
| 枚 | 量 | 8 | 三 |
| 门当户对 | | 11 | F |
| 朦胧 | 形 | 9 | F |
| 懵懂 | 形 | 9 | |
| 迷茫 | 形 | 5 | |
| 迷迷糊糊 | | 9 | |
| 谜团 | 名 | 5 | F |
| 觅 | 动 | 6 | |
| 绵延 | 动 | 8 | |
| 免不了 | 动 | 3 | 三 |
| 免疫 | 动 | 11 | 三 |

| | | | |
|---|---|---|---|
| 勉励 | 动 | 3 | |
| 面目全非 | | 11 | F |
| 渺茫 | 形 | 8 | |
| 庙宇 | 名 | 8 | 三 |
| 蔑视 | 动 | 10 | |
| 名不副实 | | 6 | |
| 魔爪 | 名 | 6 | |
| 磨难 | 名 | 9 | 三 |
| 膜拜 | 动 | 8 | |
| 抹 | 量 | 11 | 三 |
| 没落 | 形 | 6 | F |
| 谋求 | 动 | 1 | 三 |
| 目瞪口呆 | | 5 | F |

## N

| | | | |
|---|---|---|---|
| 拿不出手 | | 2 | |
| 拿主意 | | 5 | |
| 乃至 | 连 | 3 | 三 |
| 耐人寻味 | | 12 | F |
| 喃喃 | 拟声 | 5 | |
| 内涵 | 名 | 4 | 三 |

| | | | |
|---|---|---|---|
| 呢绒 | 名 | 6 | |
| 逆境 | 名 | 3 | |
| 匿名 | 动 | 10 | F |
| 溺爱 | 动 | 6 | |
| 佞 | 形 | 1 | |
| 浓郁 | 形 | 6 | 三 |

**P**

| | | | |
|---|---|---|---|
| 排斥 | 动 | 11 | 三 |
| 抛锚 | 动 | 2 | |
| 疲惫 | 形 | 2 | 三 |
| 譬如 | 动 | 3 | |
| 飘忽不定 | | 9 | |
| 缥缈 | 形 | 12 | |
| 拼盘儿 | 名 | 11 | |
| 平和 | 形 | 9 | 三 |
| 迫不得已 | | 3 | |
| 迫使 | 动 | 3 | 三 |
| 破裂 | 动 | 3 | 三 |
| 扑哧 | 拟声 | 11 | |
| 普照 | 动 | 8 | |

## Q

| | | | |
|---|---|---|---|
| 凄惨 | 形 | 4 | |
| 欺凌 | 动 | 4 | |
| 其乐融融 | | 4 | |
| 启迪 | 动 | 3 | 三 |
| 千篇一律 | | 5 | |
| 牵挂 | 动 | 9 | 三 |
| 牵涉 | 动 | 3 | 三 |
| 前尘往事 | | 6 | |
| 潜伏 | 动 | 6 | |
| 巧舌如簧 | | 1 | |
| 悄然 | 形 | 11 | |
| 俏 | 形 | 2 | |
| 怯生生 | 形 | 5 | |
| 轻而易举 | | 10 | |
| 清规戒律 | | 7 | F |
| 清新 | 形 | 11 | |
| 倾注 | 动 | 11 | 三 |
| 情调 | 名 | 6 | F |
| 全然 | 副 | 12 | |

## R

| | | | |
|---|---|---|---|
| 绕指柔情 | | 8 | |
| 忍俊不禁 | | 9 | |
| 任意 | 副 | 10 | 三 |
| 柔韧 | 形 | 8 | |
| 荣耀 | 形 | 6 | |
| 如数家珍 | | 7 | |
| 偌大 | 形 | 4 | |

## S

| | | | |
|---|---|---|---|
| 散布 | 动 | 1 | 三 |
| 沙砾 | 名 | 8 | |
| 闪烁 | 动 | 8 | |
| 善解人意 | | 10 | |
| 善举 | 名 | 4 | |
| 设身处地 | | 7 | |
| 甚至 | 连 | 12 | 二 |
| 生涯 | 名 | 2 | 三 |
| 生机盎然 | | 11 | |
| 升华 | 动 | 1 | |
| 声名鹊起 | | 6 | |

| | | | |
|---|---|---|---|
| 盛名 | 名 | 6 | |
| 失语 | 动 | 9 | |
| 时下 | 名 | 7 | |
| 世俗 | 名 | 11 | |
| 适得其反 | | 7 | |
| 释放 | 动 | 11 | 二 |
| 嗜好 | 名 | 11 | F |
| 熟视无睹 | | 7 | |
| 赎 | 动 | 5 | F |
| 束缚 | 动 | 4 | 三 |
| 耍嘴皮子 | | 1 | |
| 水滴石穿 | | 7 | |
| 瞬间 | 名 | 6 | 三 |
| 丝 | 量 | 1 | 三 |
| 苏醒 | 动 | 9 | 三 |
| 俗语 | 名 | 4 | F |
| 随机 | 形 | 11 | 三 |
| 随心所欲 | | 5 | F |
| 琐碎 | 形 | 3 | |
| 损伤 | 动 | 9 | 三 |

## T

| | | | |
|---|---|---|---|
| 瘫软 | 动 | 9 | |
| 坦诚 | 形 | 1 | 三 |
| 坦言 | 动 | 10 | |
| 滔滔不绝 | | 1 | F |
| 逃避 | 动 | 10 | 三 |
| 套近乎 | 动 | 11 | |
| 特定 | 形 | 4 | 二 |
| 提炼 | 动 | 3 | 三 |
| 体贴 | 动 | 1 | F |
| 体味 | 动 | 7 | |
| 剃 | 动 | 9 | 三 |
| 天性 | 名 | 10 | 三 |
| 调侃 | 动 | 2 | 三 |
| 调试 | 动 | 12 | 三 |
| 挑战 | 动 | 3 | 二 |
| 贴心 | 形 | 2 | |
| 铁马冰河 | | 8 | |
| 痛心疾首 | | 7 | |
| 投射 | 动 | 12 | |
| 透射 | 动 | 11 | |

| 徒步 | 副 | 2 | |
|---|---|---|---|
| 图腾 | 名 | 8 | 三 |
| 推算 | 动 | 5 | 三 |
| 脱节 | 动 | 2 | F |
| 脱颖而出 | | 6 | F |

**W**

| 哇啦 | 拟声 | 12 | |
|---|---|---|---|
| 玩意儿 | 名 | 5 | F |
| 挽回 | 动 | 3 | 三 |
| 往往 | 副 | 12 | |
| 危及 | 动 | 3 | 三 |
| 危言耸听 | | 10 | |
| 违反 | 动 | 12 | 二 |
| 唯利是图 | | 11 | |
| 伪装 | 动 | 9 | F |
| 温习 | 动 | 9 | F |
| 稳重 | 形 | 12 | 三 |
| 无边无际 | | 8 | |
| 无处不在 | | 10 | |
| 无拘无束 | | 10 | |

| 词语 | 词性 | 页码 | 册 |
|---|---|---|---|
| 无奇不有 | | 10 | |
| 无人问津 | | 11 | |
| 无所谓 | 动 | 12 | 二 |
| 五雷轰顶 | | 11 | |

## X

| 词语 | 词性 | 页码 | 册 |
|---|---|---|---|
| 牺牲 | 动 | 2 | 二 |
| 稀奇 | 形 | 7 | 三 |
| 洗心革面 | | 7 | |
| 喜极而泣 | | 2 | |
| 细致 | 形 | 5 | 二 |
| 瞎 | 副 | 5 | 三 |
| 献计献策 | | 10 | |
| 相得益彰 | | 8 | |
| 香消玉殒 | | 4 | |
| 飨 | 动 | 4 | |
| 效益 | 名 | 12 | 三 |
| 携手 | 动 | 2 | 三 |
| 秀色可餐 | | 6 | |
| 心驰神往 | | 2 | |
| 新鲜 | 形 | 2 | |

| 词语 | 词性 | 页码 | 册 |
|---|---|---|---|
| 形形色色 |  | 11 | 二 |
| 形容 | 名 | 12 |  |
| 幸好 | 副 | 9 | 三 |
| 雄心 | 名 | 2 |  |
| 虚构 | 动 | 4 | F |
| 虚荣 | 形 | 5 |  |
| 虚伪 | 形 | 1 | 三 |
| 嘘寒问暖 |  | 9 |  |
| 宣泄 | 动 | 10 | F |
| 炫目 | 形 | 8 |  |
| 熏 | 动 | 6 | 三 |
| 熏陶 | 动 | 5 | 三 |

Y

| 词语 | 词性 | 页码 | 册 |
|---|---|---|---|
| 延伸 | 动 | 4 | 二 |
| 严防死守 |  | 7 |  |
| 严酷 | 形 | 6 |  |
| 严于律己 |  | 7 |  |
| 俨然 | 副 | 6 |  |
| 洋溢 | 动 | 11 | 三 |
| 吆喝 | 动 | 4 |  |

| 谣言 | 名 | 1 | 三 |
| --- | --- | --- | --- |
| 要领 | 名 | 2 | F |
| 叶公好龙 |  | 7 |  |
| 依赖 | 动 | 4 | 二 |
| 一成不变 |  | 3 | F |
| 一旦 | 副 | 3 | 二 |
| 一模一样 |  | 5 | 二 |
| 一箭双雕 |  | 7 |  |
| 一往情深 |  | 7 |  |
| 一望无垠 |  | 8 |  |
| 一无所长 |  | 2 |  |
| 一无所知 |  | 10 |  |
| 以身作则 |  | 7 | F |
| 亦然 | 动 | 12 | 三 |
| 抑郁 | 形 | 6 | 三 |
| 阴暗 | 形 | 1 |  |
| 引人入胜 |  | 7 |  |
| 隐匿 | 动 | 10 |  |
| 饮水思源 |  | 4 |  |
| 印证 | 动 | 9 | 三 |
| 用心良苦 |  | 7 |  |

| | | | |
|---|---|---|---|
| 雍容 | 形 | 7 | |
| 优雅 | 形 | 7 | 三 |
| 幽深 | 形 | 7 | |
| 悠闲 | 形 | 4 | 三 |
| 犹豫不决 | | 1 | 三 |
| 游弋 | 动 | 9 | |
| 有滋有味 | | 4 | |
| 诱惑 | 动 | 10 | 三 |
| 愉悦 | 形 | 11 | |
| 预料 | 动 | 2 | 三 |
| 愈 | | 9 | 三 |
| 圆润 | 形 | 6 | |
| 远隔重洋 | | 10 | |
| 越发 | 副 | 12 | 三 |
| 云集 | 动 | 6 | |
| 蕴藏 | 动 | 8 | 三 |

**Z**

| | | | |
|---|---|---|---|
| 遭遇 | 动 | 3 | 二 |
| 造就 | 动 | 4 | 三 |
| 啧啧 | 拟声 | 6 | |
| 增添 | 动 | 8 | 三 |

| 展示 | 动 | 10 | 二 |
| --- | --- | --- | --- |
| 占据 | 动 | 11 | 二 |
| 战栗 | 动 | 9 | |
| 绽放 | 动 | 11 | F |
| 障碍 | 名 | 1 | 二 |
| 折腾 | 动 | 2 | 三 |
| 遮 | 动 | 2 | 三 |
| 遮挡 | 动 | 12 | |
| 折射 | 动 | 12 | 三 |
| 真谛 | 名 | 12 | |
| 震撼 | 动 | 3 | 三 |
| 知恩图报 | | 7 | |
| 指标 | 名 | 10 | 二 |
| 至少 | 副 | 12 | |
| 滞留 | 动 | 2 | 三 |
| 质问 | 动 | 1 | F |
| 钟情 | 动 | 11 | |
| 终究 | 副 | 3 | 三 |
| 周到 | 形 | 6 | 三 |
| 骤然 | 副 | 10 | F |
| 驻足 | 动 | 6 | |

| | | | |
|---|---|---|---|
| 庄重 | 形 | 6 | |
| 桩 | 量 | 6 | 三 |
| 装模作样 | | 7 | |
| 装潢 | 名 | 6 | |
| 追捧 | 动 | 2 | |
| 琢磨 | 动 | 12 | |
| 自暴自弃 | | 3 | |
| 自卑 | 形 | 10 | 三 |
| 自理 | 动 | 9 | 三 |
| 自取其辱 | | 7 | |
| 总而言之 | | 11 | F |
| 走马观花 | | 2 | |
| 走投无路 | | 4 | F |
| 诅咒 | 动 | 6 | |
| 尊严 | 形 | 3 | 三 |
| 遵循 | 动 | 12 | 三 |
| 坐井观天 | | 4 | |

附录

# 附录 B  语言点索引

## 第一课  交友之道

1. 不妨
2. 反而
3. 以便
4. 不由得
5. 千万
6. 否则

## 第二课  新拼妈时代

1. 因……而……
2. 或……或……
3. 比起……
4. ……就是
5. ……交加
6. 以……为……

## 第三课  面对苦难

1. 免不了
2. 即使……也……
3. 一旦
4. 凡是
5. 之所以……是因为……

## 第四课　水井的故事

1. 除了……以外
2. 毫无
3. 光
4. 视……为
5. 以

## 第五课　蓝色萝卜

1. 挑来选去
2. 番
3. 着呢
4. 反倒
5. 毫不
6. 从未

## 第六课　走在哈尔滨中央大街上

1. 既……也……
2. 桩
3. 不单
4. 出
5. 数量短语重叠做定语
6. 竟然

## 第七课　低碳低碳

1. 不……不……
2. 不管怎么说
3. 从来

4. 既……又……

5. 数量短语重叠做状语

## 第八课　金色南疆

1. 在于

2. 如（同）……一样

3. 彼此

4. 禁不住

5. 枚

## 第九课　苏醒中的母亲

1. 万一

2. 反正

3. 明明

4. 时而……时而……

5. 尚未

## 第十课　网络对青少年的心理诱惑

1. 哪怕

2. 只是

3. 对……而言/对……来说

4. 尤其

5. 无……无……

## 第十一课　冷浪漫

1. 好不

2. 略

3. 恨不得

4. 过于

5. 以至于

6. 殊不知

## 第十二课　京剧下午茶

1. 无所谓

2. 进而

3. 换言之

4. 全然

5. 动不动

6. 诚然

7. 无非

# 参考答案

《高级汉语精读教程》综合练习部分参考答案

扫一扫获取

## 与本书配套的二维码资源使用说明

  本书综合练习部分参考答案以二维码链接的形式呈现。利用手机微信扫码成功后提示微信登录，授权后进入注册页面，填写注册信息。按照提示输入手机号码，点击获取手机验证码，稍等片刻收到 4 位数的验证码短信，在提示位置输入验证码，再设置密码，选择相应专业，点击"立即注册"，注册成功。（若手机已经注册，则在"注册"页面底部选择"已有账号？立即注册"，进入"账号绑定"页面，直接输入手机号和密码登录。）接着提示输入学习码，需刮开教材封面防伪涂层，输入 13 位学习码（正版图书拥有的一次性使用学习码），输入正确后提示绑定成功，即可查看二维码数字资源。手机第一次登录查看资源成功以后，再次使用二维码资源时，只需在微信端扫码即可登录进入查看。